권번 기생을 말한다

신현규

문학박사. 중앙대학교 교양대학 교수.
현재 한국교방문화학회 회장.
저서는 『기생, 문화콘텐츠 관점에서 본 권번기생 연구』, 『조선 기생 선연동 연구』, 『중국 창기사』, 『평양기생 왕수복』, 『기생, 조선을 사로잡다』, 『기생, 푸르디푸른 꿈을 꾸다』, 『꽃을 잡고』 등 다수.

권번 기생을 말한다

2025년 8월 6일 초판 1쇄 펴냄

지은이 신현규
펴낸이 김흥국
펴낸곳 보고사

책임편집 이소희
표지디자인 김규범

등록 1990년 12월 13일 제6-0429호
주소 경기도 파주시 회동길 337-15 보고사
전화 031-955-9797
팩스 02-922-6990
메일 bogosabooks@naver.com
http://www.bogosabooks.co.kr

ISBN 979-11-6587-908-2 93910
ⓒ신현규, 2025

정가 23,000원
사전 동의 없는 무단 전재 및 복제를 금합니다.
잘못 만들어진 책은 바꾸어 드립니다.

권번 기생을 말한다

신현규 지음

보고사
BOGOSA

| 머리말 |

일제강점기 기생 이야기를 열며

역사적으로 모든 시기, 모든 사건이 나름의 깊은 의미를 갖고 있듯이 일제강점기도 우리로 하여금 끊임없이 반추하게 하는 시간을 담고 있다. 민족의 정통성이 말살되고 역사가 단절된 절망의 시기였지만 어떤 의미에서는 극복의 시기였다. 이 시기를 '근대(近代)'라는 명칭으로 사용하면서 '전근대적인 상태로부터 근대적인 상태로 이행하는 과정' 또는 '후진적 상태에서 선진적 상태로 발전해 가는 과정'으로 포장, 해석하기도 하지만, 당시의 비상식적인 식민지 경제 운영 방식과 사회문화적인 파행들은 아무래도 모든 근대화의 결과들을 세심하게 여과하여 바라보는 시각을 필요로 할 수밖에 없다.

그런 의미에서 일제강점기의 기생 이야기는 우리 근대기의 보다 왜곡된 사회 현상을 담고 있으면서, 보다 안목 있는 해석을 요하는 소중한 재료이다. 《권번 기생을 말한다》는 이러한 고민을 담아 만들어졌다.

2장에서는 그 시절 기생들이 사회 각지에서 각자의 꿈과 사랑, 열정과 소망들을 표현하기 위해 다양한 분야에서 목소리를 내고 있음을 보고자 한다. 이월화, 복혜숙, 석금성이 어는 어베우 트로이카 시대의 이야기를 시작으로 그 문을 열었다. 레코드 산업은 기생 출신 여가수들이 합류하면서 레코드 음악의 황금기를 맞게 된다. 익히 알려진 왕수복과 선우일선 등의 활동으로 그 인기를 짐작하게 한다. 화려한 기생으로서의 삶 속에서 운명적인 사랑을 믿었던 비운의 여인들, 이효석과 백석의 연인은 이미 우리 마음속에서도 연인으로 자리 잡은 지 오래다. 기생이라고 해서 나라 사랑하는 마음이 없으랴. 조국의 독립을 위해 젊은 열정을 다 바친 김향화, 현계옥, 정금죽, 이소홍의 이야기를 풀어놓으려면 미안하고도 안타까운 마음이 흘러내린다. 기생으로서 원했던 삶은 아니지만, 기생이어도 갖고 싶었던 삶의 모습은 그 외에도 다양하게 나타난다. 그녀들이 원했던 인생은 때로는 난초 향기를 풍기며, 때로는 비장한 마음을 다잡으며 흔적을 남기고 있다. 연회석에서 미소 지으며 춤추고 노래만 하기에는 너무도 아까운 미인들의 삶이다.

3장에서는 일제강점기 기생 문화를 이해하기 위해 필요한 당시의 사회문화적인 현상들을 용어를 중심으로 풀어보았다. 근대 기생을 바라보는 대표적인 렌즈 같은 자료인 사진엽서를 비롯하여 박람회와 권번, 인력거와 요릿집, 평양기생학교에 이르기까지 근대 기생 이야기의 배경 같은 요소들을 풀어 살펴보았다.

일제강점기의 기생들은 어찌 보면 그 시대의 숱한 고민과 시련들을 온몸으로 표현하고 있다. 그들은 그 시절에 평범한 여인으로 났지만 평범한 여인들과는 달라야 했다.

이제 설레는 바다 같은 그녀들의 인생 이야기 속으로 들어가 보자.

그녀는 몸단장을 마치고 한숨을 돌리며 시계를 바라보았다. 한 무릎을 세우고 그 위에 얌전히 포개 얹은 그녀의 섬섬옥수가 오늘따라 더 곱다. 잠시 후 권번에 인력거꾼이 도착하고 문밖에서 아씨를 부르는 소리가 들린다. 남치마에 옥색 저고리를 입은 그녀는 아름답다. 게다가 영리하기까지 했다. 연석에 앉으면 눈치껏 손님들의 이름과 직업을 알아차렸고, 지위와 부를 뽐내는 이들 앞에서 대화로 밀리지 않을 만큼 지혜로웠다. 그러나 그녀는 표정이 없다. 병든 홀어머니와 어린 동생들의 생계가 그녀의 어깨를 무겁게 짓누르고 있지만 어떤 순간에도 내색하지 않는다. 이따금씩 권번에서 받아오는 얼마 안 되는 금액에 실망하지도 않았고, 상다리가 휘도록 산해진미가 차려진 연석의 음식도 탐하지 않았다. 온몸에 기품을 담아 춤과 노래를 하려면 차려진 음식은 그저 소품일 뿐, 부르지도 않은 속은 아직도 꼿꼿하게 음식이 남아있는 것만 같았으니까. 이제 그녀의 노래가 시작된다.

| 차례 |

머리말 일제강점기 기생 이야기를 열며 5

제1부 그 시절의 잊히지 않는 그녀들 11

01. 연예인을 꿈꾸다

조선의 여배우 이월화 13 · 토월회 여배우, 인텔리 기생 복혜숙 20 · 영화 〈아리랑〉의 여주인공 기생 신일선 24 · 여배우 트로이카 시대, 기생 석금성 29 · 오디오형 명창가수, 기생 이화중선 35 · '얼짱' 미인 기생 장연홍 39 · 민요의 여왕, 기생 이화자 48 · 인생은 설레는 바다, 기생 왕수복 53 · 꽃을 잡고, 기생 선우일선 82

02. 운명적인 사랑을 하다

지독한 사랑의 전설, 기생 강명화 89 · 동백꽃 같은 내 사랑, 기생 박녹주 99 · 슬픈 배따라기 같은 사랑, 기생 김옥엽 108 · 자야(子夜), 백석(白石)의 비련 주인공 기생 김진향 115

03. 조국 사랑에 마음을 바치다

기생들의 기미독립 만세 김향화 121 · 항일독립의 의열단원 기생 현계옥 125 · '여성들이여 가정을 버려라' 기생 정금죽 132 · 3·1독립 만세를 외친 사상기생 이소홍 137

04. 내 생의 의미를 추구하다

자아실현을 위한 일편단심 주산월 141 · 단발머리 남장소녀, 기생 강향란 146 · 그윽한 난초 향기, 기생 이난향 153 · 기생 생활 23년의 자서전, 기생 백모란 156 · 미스조선 기생 박온실 165

제2부 일제강점기 기생과 함께 보이는 것들 171

01. 기생 사진엽서 172
02. 청풍명월(淸風明月), 명월관 기생 요릿집 180
03. 인천의 기생 요릿집 196
04. 도쿄 '명월관' 요릿집과 영친왕 208
05. 조선 기생과 유성기 SP 대중스타 220
06. 조선미술전람회 모델 기생들 240
07. 빅데이터 통계로 본 기생의 작명법 250
08. 기생에 대한 편견과 차별 260
09. 조선 기생의 북망산 '선연동' 268

맺음말 **불꽃처럼 살다 간 기생 이야기에 부쳐 279**

참고문헌 289
미주 292

제1부

그 시절의
잊히지 않는 그녀들

01

연예인을 꿈꾸다

조선의 여배우

이월화

[李月華, 1904~1933]

내 인생의 네 남자

근대 조선의 이름난 기생을 기록 속에서 만나다 보면 이월화만 한 미인도 드물고 또 그만큼 박명한 여인도 드물다. 비록 외모는 소박했다는 평이 남아 있지만, 연기에 대한 넘치는 끼와 자신감은 그녀의 외모를 수습하고도 남았던 것 같다.

이월화는 서울 출신이고 그녀의 어머니는 산후병으로 돌아간 후, 아버지도 그 뒤 1년이 채 못 되어 첫돌도 못 지낸 그녀를 세상에 남기고 떠났다. 원래 그녀의 아버지는 신(申)씨였는데 자식 없는 과부 이(李)씨에게 어린 그녀를 길러 달라고 내주어서 그때부터 이씨 성을 가지게 되었고, 이씨 과부의 양딸로 민적을 올리게 된 것이다.

그러나 그 양모도 그녀가 걸음마를 할 무렵 죽고, 그 뒤 청성동에 사는 조(趙)씨 과부가 그녀를 다시 데려갔는데, 그녀는 죽을 때까지 그분이 자기를 낳아 준 생모인 줄만 알고 지성껏 모셨다. 그녀는 진명보통학교 3년을 졸업하고 이화학당을 다니다가 신파극단 '신극좌'에 여배우로 등단하였다.

16세 때 그녀를 부르는 이름이 이정숙(李貞淑)이었고, '신극좌'의 김도산 일행에 참가하게 된 것이 그가 극계에 발을 들여놓게 된 계기가 되었다. 동시에 조선 극계에서 여배우를 가지게 된 것도 이월화가 비로소 처음이었다. 그 뒤 예명극단을 거쳐 윤백남이 운영하던 '민중극단'에 참가하게 되었는데, 그녀가 여배우로서의 존재를 인정받게 된 것이 바로 이때였다. 그때 상연한 〈영각의 처〉의 '올가' 역과 〈칼멘〉으로 이월화는 일약 스타가 되었다. 이때 '이월화'라는 이름을 지여준 이가 바로 윤백남이다.

그 뒤 토월회에 참가하여 〈카투사〉, 〈칼멘〉 등에 출연하여 여배우로서의 인기가 절정에 달했고, 7회 공연을 마친 뒤 조선에서 처음으로 생긴 부산의 '조선키네마회사'의 여배우로 들어갔다.

당시 18세 이월화를 본 복혜숙은 이렇게 말하였다.

"그녀가 토월회를 막 탈퇴하기 전 내가 도쿄로부터 나와서 처음으로 이월화를 만났는데, 그때의 월화는 꼭 촌뜨기 같고 아무것도 모르는 멍텅구리 같았다. 저런 여자가 어떻게 연극을 하나 싶었고, 게다가 귀중한 인기 여배우라는 점에서 놀랐고, 그녀가 나중에 갖은 고생을 다 하며 세상 사람에게 '타락한 여자'라고 조소를 받게 될 것을 어이 짐작이나 했겠는가?"

월하의 맹세, 이정숙에서 이월화로

　18세의 여배우 이월화는 도쿄 유학생들의 모임인 토월회 제1회 공연에 '조선극장' 무대에 나타나자 거의 모든 시선이 그녀에게 집중되었다. 토월회는 복혜숙, 이월화, 석금성 등 세 별이 빛나는 무대로 그야말로 유사 이래의 대호화판이었다.
　윤백남은 연극에서의 인기를 영화로 옮길 구상을 했다. 당시로서는 획기적인 제안이었는데, 남장 배우가 아닌 여자 연기자에게 여주인공을 맡겨서 영화를 제작하는 것이다. 당시 여장 배우 아닌 여자로서 최초로 카메라 앞에서 연기한 배우는 이월화가 처음이었다.
　이렇게 탄생한 영화가 1923년 윤백남 각색, 감독의 영화 〈월하의 맹세〉였다. 영화에서 그는 연극에서 사용하던 이정숙이란 예명을 버리고 원래 부르던 이월화라는 이름을 쓴다. 자신의 신분노출을 꺼리는 당시의 관습에도 불구하고 본명을 사용한 것은 그가 남다르게 솔직하고 자신감이 넘쳤음을 보여주는 부분이다.
　〈월하의 맹세〉에서 그는 연극에서 덧씌워진 요부의 모습을 벗어던졌다. 웃는 모습과 우는 모습, 사뿐히 걷는 모습 등을 통해 감정의 폭을 조절하여, 헌신적이면서도 강인한 여성상을 보여주었다. 여기에서의 성공은 이월화에게 조선키네마 최초의 영화 1924년 〈해(海)의 비곡(悲曲)〉에 다시 주연으로 캐스팅되는 행운을 가져다주었다. 여배우가 등장할 수 없었던 인습을 깨고 최초로 등장하기까지의 상황과 연극배우로 연기력을 인정받아 대중의 인기를 누리는 영화배우로 성공한 것은 높은 평가를 받아 마땅하였다.
　그는 소박한 미모에 아담한 몸매와 '말괄량이'라는 별명을 가질 정도로 성품이 활달해서 배우로서는 제격이었다. 남아 있는 여러 장의 사진에서는 유난히 맑게 빛나는 눈동자와 통통하면서도 귀염성 있는 얼굴, 당찬 표정에 씩씩한 기질이 드러난다. 이런 그에게 맡겨진 역은 대부분 요부형 여성이었다. 하지만 현모양처, 『상록수』의 '채명신' 같은 역할도 충분히 소화할 수도 있었을 것이다.

그러나 영화의 초창기에 여배우를 쓰는 일조차 획기적이었으니, 여성을 극의 중심에 놓는 영화는 드물었고 자연히 남자를 유혹하는 타락한 여성이나 남자들의 싸움에 희생되는 청순가련형이 등장하는 영화가 대부분이었다. 이런 풍토에서 위대한 연기자, 연기력으로 영화의 성패를 가늠하는 예술정신 등을 기대하는 것은 무리였을 것이다.

윤백남은 그의 다음 영화인 〈운영전〉에서도 그녀에게 여주인공인 안평대군이 사랑한 운영 역을 부탁하였다가 갑자기 아무 해명도 없이 주연을 김우연으로 바꾸고 만다. 이 사건을 두고 김우연의 미모가 이월화보다 뛰어나서라느니, 김우연과 윤백남의 교분이 두텁다느니 하는 등의 소문이 나돌았다. 그러나 스크린 테스트 결과 실제로 김우연은 이월화보다 뛰어난 조건은 아니었다.

배우는 연기가 첫째 조건인데 사전에 해명도 없이 주연을 교체한 점을 두고 이월화는 분노했다. 그는 윤백남과 크게 싸우고서 윤백남의 제작사가 있던 부산을 떠나 서울에 정착했다. 감독과의 개인적 친분으로 배역을 얻는 영화계 현실에 불만을 품고 독자적으로 배우생활을 시작한 것이다.

이월화는 진명학교를 거친 당대 신여성이었다. 남성과 비교해도 남부럽지 않은 신교육을 누린 엘리트였던 것이다. 그러므로 미모에서 다른 여배우에게 밀려 영화계를 떠났다는 설은 다분히 과장일 수 있다.

〈운영전〉 사건 이후에도 1927년에 〈뿔 빠진 황소〉와 1928년에 〈지나가(支那街)의 비밀〉에서 여전히 연기자의 길에 집착을 보인 것만 보더라도 그 모순됨을 짐작해 볼 수 있다.

비록 새로운 여배우들의 도전이 있더라도 그는 최초의 여스타로서 대단한 자부심을 가졌다. 특히 어려서 부모를 잃고 남의 손에서 자란 이월화가 당시 남자들의 세상이었던 연극무대를 거쳐 영화에서 주연 배우가 되었다는 점을 보아도 그렇다. 그는 대단한 자아 정체성과 강인한 정신력을 가진 여성이었다. 또한 자신의 삶에 방관하지 않고 적극적으로 개척하는 의지의 소유자임을 알 수 있다. 영화를 떠났던 것도 여배우를 동등한 연기자로 성장시키지 않고 단순한 노리갯감으로 대우하던 남성 중심의 영화계에 대한 환멸이 더 큰 이유였으리라 보여진다.

이월화가 활동한 20년대로부터 현재까지도 한국 영화 현장에서 여배우가 감독에게 대들거나 노골적으로 불만을 노출시키는 일은 드물다. 그것은 여배우로서의 생명을 끝내려는 각오 없이는 감히 생각도 못 할 만큼 큰일인 것이다. 그런 점에서 〈운영전〉의 캐스팅을 계기로 이월화가 당대 한국 영화의 현실에 실망하고 분노를 표시한 것은 대단한 용기를 필요로 하는 사건이었다.

그 후에도 이월화는 김우연, 김남연, 김정숙 등 연기력보다 미모와 감독과의 교분으로 주연을 맡는 풍토에 석응하지 못했다. 그래서 그토록 열정을 불태우던 배우라는 직업에 회의를 품고 포기한 채 외지로 떠돌이 생활을 시작한 것이다. 여배우를 길들이는 방식을 거부한 여배우 이월화의 비참한 삶의 말로는 한 개인의 비극이라기보다 한국 영화의 비극적 단면을 보여주는 부분이기도 하다.

20세에 이월화도 단발을 하는데 이는 날로 망령이 늘어가는 모친의 잔소리 때문이었다고 한다.

"돈 있는 남편 얻어 호강하라. 그렇지 않으면 기생이 되라."

말문이 막힌 그녀는 '그러면 기생 되라는 소리는 못 하겠지'라는 생각으로 머리카락을 잘라 버렸다고 한다.

홍성으로 내려간 기생 이월화

하지만 이월화는 결국 생계를 잇기 위해 기생이 되어 홍성(洪城)으로 내려간다.

여기서 당시 기생들의 숱한 연애담과 구구한 사연들을 다 뒤로 하고서라도, 기생이며 연극배우였던 이월화의 기구한 사랑을 짚어가지 않을 수 없다. 이월화의 짧은 인생 속에는 그녀를 운명으로 이끌고 간 네 명의 남자가 있었다.

첫 번째 남자는 극단 토월회에서 만난 박승희였다. 박승희는 토월회의 주재 격이면서 월화와 의기투합하여 민중극을 끌어가는 데 공헌한 사람인데 슬프게도 유부남이었다. 월화의 주체할 수 없는 첫 번째 사랑은 그냥 그렇게 가슴에 묻혀야 했다.

두 번째 남자는 박승희의 빈자리에 들어온 K라는 법학도였다. 두 사람은 아슬아슬한 현실 속에서도 미래를 꿈꾸며 사랑을 쌓아갔다. 그러나 K는 결국 다른 여자와 결혼하여 월화를 배신하고 이 일을 계기로 월화는 본격적으로 기생을 업으로 삼게 되었다.

세 번째 남자는 월화가 스스로 오양가극단을 조직한 후 자금난에 빠져 있을 때 그녀를 구해준 허 씨라는 부잣집 아들이었다.

그러나 허 씨는 월화의 계속되는 댄서와 화류계 생활을 못 견뎌 하였고 생활고까지 겹쳐 자살하고 만다.

마지막 남자는 24세에 댄스홀에서 만난 이춘래라는 일본계 중국인 청년이었다. 어느 날 그녀가 이춘래에게 술이 취하여 "학생 신분에 댄스홀에 다닐 자격이 없다."고 꾸짖은 일이 있은 후, 이것이 계기가 되어 두 사람의 사랑이 싹트기 시작하였다. 두 사람은 수원에 포목점을 내고 보기 좋은 젊은 부부의 모습으로 닭을 기르고, 토끼를 치며 채소밭을 일구며 지냈다.

이춘래가 행방불명된 후 걱정했던 그의 아버지는 수원에서 포목상을 하고 있는 모습을 확인한 후 안심하였고, 일본 모지(門司)로 돌아간 뒤 아들에게 타관에서 고생할 것 없이 이월화를 데리고 집으로 돌아오라고 편지를 하였다.

마침내 월화의 네 번째 사랑은 어렵게 이씨 집안의 허락을 얻어 시댁인 규슈(九州) 모지에서 시집살이가 시작되었다.

하지만 평생을 생모인 줄 알았던 어머니 조 씨의 죽음으로 인한 충격과 이국에서의 시집살이에 대한 부담감을 이겨내지 못한 채, 1933년 7월 18일 자살을 택하여 29세의 생애를 마감하게 된다.

기생이 되지 않으려 스스로 단발까지 선택했지만 결국 그 길을 가야 했던 여인, 숱한 남자를 만나 염문을 뿌렸지만 결국 누구와도 사랑을 이룰 수 없었던 가여운 여인, 살기 위해 선택한 길에서 죽음을 선택해야 했던 기구한 운명의 여인을 두고 당시의 언론은 미인박명(美人薄命)이라는 허탈한 표현으로 회고하고 있다.[1]

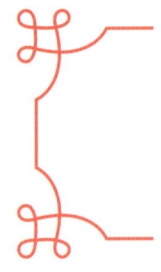 

토월회 여배우, 인텔리 기생

복혜숙

[卜惠淑, 1904~1982]

극단 토월회에서 복혜숙

복혜숙은 이화여자고보를 3년까지 마치고 일본 요코하마의 고등여자기예학교를 졸업하였으며, '토월회'에서 10년간 신극운동을 하다가 영화배우로도 활동한 경력이 있는 재원이었다.

본명은 복마리(卜馬利)이다. 충남 보령 출신이며 목사의 딸로 태어나, 기예보다  는 연극·영화·무용에 더 관심을 갖고 도쿄에 있는 사와모리무용연구소에서 춤을 배웠으나, 완고한 아버지 손에 이끌려 귀국했다.

자신의 뜻은 아니었지만 아버지가 세운 강원도 금성학교 교원으로 잠시 근무하였고, 못내 연극에의 꿈을 버릴 수 없어 가출하기에 이른다. 그리고 서울로 올라와 당시 신파극을 공연하던 단성사를 찾아가 밥 짓는 일부터 시작하였다.

1920년 당시 단성사의 인기 변사였던 김덕경의 소개로 김도산을 알게 되어 신극좌에 입단한다. 신극좌의 〈오! 천명(天命)〉에서 처음 무대에 서게 됨으로써, 거의 같은 무렵 연기생활을 시작한 이월화와 더불어 한국 최초 여배우로서의 길을 걷게 되었다.

1922년 조선배우학교를 졸업하고, 같은 해 극단 토월회 단원이 되었다. 신극운동의 중심이었던 극단 토월회에서 〈부활〉의 카추샤 역을 맡았던 복혜숙은 당시에 뛰어난 배우였으며, '춘향'의 역할로도 잘 알려져 있다. 더구나 토월회가 지방공연 중에 곤경에 빠질 때마다 옷, 패물뿐만 아니라 자신의 몸을 인질로 잡히면서까지 일행을 구해준 일도 한두 번이 아니었다.

1924년 조선극우회 회원, 1925년 조선영화사 단원, 같은 해 라디오 방송극 〈새벽종〉에서 성우로도 활약한 바 있었다.

기생의 길로 간 이유

그런 그녀가 토월회의 성격이 변질되면서 쇠퇴일로를 걷게 되자 인천 권번의 기생이 되었다. 그 후 마침 인천에서 재개된 토월회의 공연에 분개하여 관객을 모두 매수하여 공연을 실패하게 만든 일도 있었다.

1936년 중앙무대 단원 등으로 활동하였고, 그 뒤에는 조선극우회·중앙무대로 옮겨 무대에 섰다. 만년에는 '배우극장'에 입단하여 연기생활을 계속하였다.

하지만 그녀에 대한 평가가 후한 것만은 아니었다. 얼굴 윤곽이 선명하지 않고, 눈이 가늘어서 광선을 살 받을 만한 영화배우로서의 장점은 없으며, 그나마 '팜프파탈' 역으로나 제격이라는 박한 평가도

찾아볼 수 있다. 이후에 그녀는 다시 서울의 중심인 종로에 있던 카페 '비너스'의 마담이 되었다고 한다.

그해 잡지『삼천리』와의 대담에서 복혜숙은 기생이 된 이유와 자신의 삶을 이렇게 말하고 있다.

"나는 서울서 이화학당 다닐 때는 입으로 괴테 · 바이런의 시를 외우면서『부활』의 네플류도프 공작 같은 순정적 남성을 그리었지요. 셰익스피어의『로미오와 줄리엣』에 나오는 그런 연애를 그리었지요. 사내란 상냥하고 다정하고, 깨끗하고, 착한 어른이거니 하였었지요.

이 생각은 요코하마에 유학할 때나 도쿄 유학생시대까지 가지고 있었지요. 그때는 인생이 엷은 분홍안개 속에 잠기어 판도라의 상자 모양으로 온갖 신비와 온갖 미지의 행복이 그 속 깊이 감추어 있는 듯하였지요. 내가 걸어야 할 거리 거리에는 장미꽃이 송이송이 피고, 에고 다 말해 무엇해요.

그리하던 것이 사내들에게 속기 시작하여, 청춘은 덧없이 시들고 세상일은 내 뜻대로 안 되고 보니 자유로운 새나 된다고 여배우, 기생, 끽다점(喫茶店) 마담으로 구르고 굴러 오늘에 왔지요. 이마엔 주름살 잡히고, 이제는 이성(異性)의 육체의 비밀까지 다 알고 나았으매 세상의 대부분은 다 알아진 듯해요.

좋아하는 이상형 남성은 클라크 케이블 같은 이로, 체격이나 성격은 그렇지만 남자치고 문학적 교양이 없는 이는 천하게 보여요. 예술적 향기가 도는 이가 좋아요. 그리고 사십까지만 제멋대로 살다가, 마흔한 살 되는 해에 가정부인이 되려고 해요. 결혼생활은 꼭 하고 말겠어요."

화려한 이력을 지닌 복혜숙다운 표현이었다. 그녀는 다른 권번의 기생들, 또 영화배우 몇 명 등과 함께 경무국장에게 '서울에 댄스홀을 허락하라'는 장문의 탄원서를 내기도 하여, 개방적이고 활동적인 신여성의 면목을 보여주기도 하였다.

최초로 영화에 출연한 것은 이규설 감독의 〈농중조(籠中鳥)〉(1926)이었으며, 그 뒤 이구영 감독의 〈낙화유수〉(1927), 이규설 감독의 〈순정은 신과 같다〉(1928), 김영환 감독의 〈세 동무〉(1928) 등에 출연하였다.

의학박사 김성진과 결혼하며 연기생활이 일시 중단되기도 하였으나, 박기채 감독의 〈춘풍〉(1935)에 출연함으로써 다시 꾸준한 연기생활이 시작되었다. 안종화 감독의 〈역습〉(1936), 최인규 감독의 〈수업료〉(1940), 신경균 감독의 〈감격시대〉(1943) 등이 광복 전의 주요 출연 작품이다.

광복 후 1947년 '극단 신협' 단원으로 활약하고, 1955년 한국 영화배우협회장, 1960년 방송문화협회 이사·서울특별시 문화위원, 1966년 서울소녀가극단 대표, 1973년 극회 아카데미 대표 등을 역임했다. 제1회 국제영화 공로상·문공부장관 공로상·이화여대 문화상 등을 받았다.

광복 후에는 최인규 감독의 〈자유만세〉(1946)에 출연한 것을 시작으로 1982년 세상을 떠날 때까지 20여 편의 영화에 출연하였다. 그녀는 연극·영화 등에서 온후하고 나성한 이미지의 연기를 보여주었을 뿐 아니라 만년에는 텔레비전 드라마에도 출연하였다.[2]

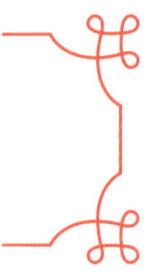

영화 〈아리랑〉의 여주인공 기생
신일선
[申一仙, 1907~1990]

신삼순에서 신일선으로

예나 지금이나 세인들은 미인의 자태에 열광하지만 미인의 지성적인 측면까지 파고들면 다소 그 평가가 빈약해지는 경우가 비일비재하다. 하지만 재미있는 사실은 결국 미인이라는 이유로 그 부분에서 용서받고 마는 모순 같은 순환구조를 갖는다는 것이다.

신일선은 서울 출신으로 본명이 신삼순(申三順)이고 19세에 1926년 나운규 감독의 〈아리랑〉에 발탁되어 영진(나운규 분)의 누이동생 영희 역에 출연하여 인기를 모았다. 나운규의 영화 〈아리랑〉이 만들어진 뒤로 조선에 '금강산'과 '신일선'이 명물이 되었다. 천도교당이나 청년회관의 음악회에 신일선이 출연한다면 언제든 만원이었다고 한다.

이 한 편으로 뛰어난 영화배우로 이름을 날리게 되었으며, 같은 해 이경손 감독의 〈봉황의 면류관〉에 출연하였고, 1927년 김수로 감독의 〈괴인의 정체〉와 나운규 감독의 〈들쥐〉·〈금붕어〉 및 심훈 감독의 〈먼동이 틀 때〉에 출연하였다.

동덕여자보통학교 4년, 수업 음악에 소질이 있어서 성악가 김형준

씨에게 개인교수도 받았지만 1학기를 마치고 학업을 그만두게 된다. 13세 무렵 조선예술단의 배우들이 간부들과 뜻이 안 맞는다고 파업을 하자, 그녀의 오빠 신창운(申昌雲)이 당시 간부의 한 사람으로서 여러 가지 임시 수습책을 찾게 되는데, 이 과정에서 그녀가 배우로 데뷔하게 되었다.

그 후 조선예술단에 들어가 순회공연을 따라다녔는데, 연극에도 출연하였지만, 주로 가는 곳마다 독창을 하여 인기를 끌었다. 학교에 다닐 적부터 창가를 제일 잘하였던 그녀에게는 당연한 결과일 수도 있었다. 예술단에 들어가서 처음 〈살쾡이(狸)와 토끼〉라는 가극의 살쾡이 역할을 하였다.

나운규의 〈아리랑〉에 출연하게 되다

조선 순회공연을 마치고 돌아온 후 조선예술단이 또다시 파업에 들어가자 그녀의 오빠는 따로 나와 '반도예술단'을 조직하였다. 그녀는 반도예술단이 되어 이번에는 평양 지방을 순회하였다. 순회를 마치고 돌아와서 반도예술단은 해산되고, 새로 '동반(東半)예술단'이 되고, 그것이 나중에 '해동예술단'이 되어 그녀는 해동예술단원이 되었다.

해동예술단이 함경도 함흥에서 흥행 중일 때 토월회 회원 일행을 만나는데, 그때 이경손이 그녀를 처음 보고 그녀의 오빠와 의논한 후

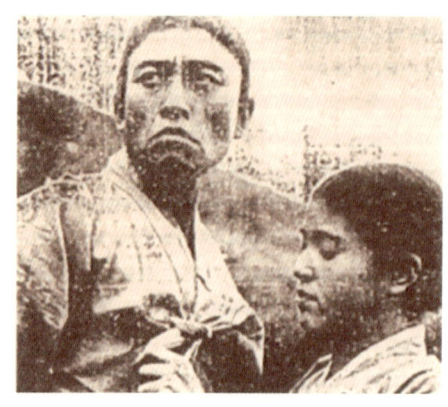
나운규의 영화 〈아리랑〉

에 서울로 와서 조선키네마회사에 소개를 해주어 바로 〈아리랑〉에 출연하게 되었다. 그 후 〈아리랑〉 다음으로 〈봉황의 면류관〉, 〈괴인의 정체〉, 〈들쥐〉, 〈금붕어〉 등에 출연하였다.

하지만 그녀의 인생에 예쁘고 화려한 추억들만 남아있는 것은 아니었다. 영화 〈괴인의 정체〉를 찍을 때 그녀는 북악산 도선암까지 기어 올라가서 높다란 바위에서 뛰어내리다가 잘못되어, 머리가 터지고 인사불성이 되어 지울 수 없는 이마의 흉터를 남기기도 하였다. 또 영화 〈금붕어〉를 찍을 때 한강에 나갔다가 물에 빠져서 요행으로 살아나기도 하였다.

그녀에 대해서 당시 언론은 "인물도 절색일 뿐 아니라 영화배우에 적합한 곡선미, 유망한 표정과 상당한 애교, 순결한 처녀에 종달새라는 별명, 장래 조선 영화의 명여배우"라는 찬사를 아끼지 않고 있다.

당시 그녀는 영화 출연으로 팬들이 보낸 편지가 한 번에 3백여 장이 넘는 인기 배우였다. 그녀는 의외로 철봉운동을 좋아하고 예술잡지와 조선 역사를 읽기를 좋아하기도 하였다.

당시 인기 배우이며 뛰어난 시나리오 작가이자 연출가였던 나운규도 최적의 파트너로 신일선을 꼽으며, 침착하고 무게 있는 그녀의 성격을 칭찬하였다. 하지만 극예술에 대한 지식을 비롯한 교양이 부족하고 이제 얼굴만 가지고 명배우 노릇을 할 때는 지났다고 일침을 놓고 있다. 김동인도 신일선은 뛰어난 미인이지만 키가 작아 흠이라는 언급을 했었다고 한다.

기생의 길로 간 신일선

기생의 길로 접어든 신일선에게 생계는 처음부터 중요한 목적이었다. 그렇기에 화려한 은막의 여배우로 노래 부르고 연극을 하던 시절을 접고 돈을 탐내어 부잣집 아들에게 두 번이나 시집을 갔었다는 스캔들도 밉게 볼 수만은 없다.

26세에 기생이 된 사연은 생활고 때문이었다. 오빠가 있었지만 부모 봉양에 집안 살림은 날이 갈수록 기울어지니, 연약한 몸이라도 생활비를 만들 길로 들어서게 된 것이다. 그래도 기생을 하면서 '은막에 다시 나서 배우'를 하는 것과 '좋은 가정에 시집을 가려는 희망'을 버리지는 않았다.

이 무렵 호남 갑부의 아들 양승환과 혼인하였으나 7년 만에 이혼하고, 1934년 안종화 감독의 〈청춘의 십자로〉와 1935년 〈은하수에 흐르는 정열〉에 출연하였다.

5년 만에 다시 스크린에 복귀하게 되지만, 그녀는 당당하게 기생의 길도 자신이 인생에 절반 몫으로 인정하고 있었다. 생활비는 기생을 하여 벌고 영화 방면에서는 보수를 바라지 않고 예술적, 양심적으로 나오고 싶다고 당차게 말한 당시 인터뷰 기사도 찾아볼 수 있다.

1936년 재혼과 더불어 〈아리랑〉 제3편을 끝으로 영화계에서 한동안 은퇴하였다가, 1957년 김소동 감독이 '나운규 20주기'를 기념하기 위하여 만든 〈아리랑〉에 단역으로 출연한 뒤 완전히 은막에서 떠나고 말았다.

첫 혼인의 실패와 연기의 슬럼프 속에 오케이레코드 서울지사장의 제의를 받아들여, 일본 오사카로 건너가 〈무너진 사랑탑〉 등 10여 곡을 취입하여 한때 가수생활을 하기도 하였던 그녀는 1970년대 이후 경상북도 청송에서 은둔생활을 하였으며, 1982년 서울로 올라온 뒤 1990년 뇌졸중으로 작고하였다.[3]

여배우 트로이카 시대, 기생

석금성
[石金星, 1907~1995]

석정희에서 여배우 석금성으로

석정희(石貞姬)를 잡지 『장한』에 「무선전화」라는 소개의 글에서 찾아보면 다음과 같다.

> "아담한 맵시와 천진난만한 애교로써 장안의 인기를 한 몸에 모은 조선권번의 석정희는 무엇을 생각했는지, 신극운동 단체인 토월회에 들어가 석금성(石金星)이란 이름으로 배우가 되었다. 〈간난이의 설움〉, 〈스잔나〉, 〈카투사〉 등에 출연하여 많은 관객의 눈물을 자아내더니, 작년 7월 이후에 소식이 묘연해졌다. 그래서 각처로 무선전화를 놓아 봤더니, 충남 어느 지방에서 아이까지 낳은 그의 첫사랑인 이 모 씨와 같이 꿀같이 단 세월을 보내고 있음을 알게 되었다. 아주 얌전한 시골색시가 되어 충실한 아내 노릇, 며느리 노릇을 잘한다고 전해왔다."

그 후 그녀는 다시 연극계로 돌아가 조선의 3대 여배우, 즉 이월

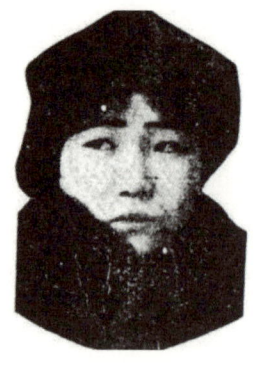 

석금성

화, 복혜숙, 석금성 등으로 꼽힐 만큼 유명해졌다.

석정희는 신극 초창기 여배우의 한 사람으로 타계할 때까지 인기를 누린 최장수 여배우였다. 무성영화와 흑백·컬러영화 시대 및 텔레비전 시대를 섭렵한 한국 영화계의 증인이었다. 평안남도 서민의 무남독녀로 태어난 그녀는 일찍 서울로 이주하여 진명여학교를 다니다가 기방(妓房)에 들어갔다. 아담한 맵시와 천진난만한 애교로써 장안의 인기를 한 몸에 모은 조선권번의 기생이었다.

조선권번의 기생, 석정희

19세에 장안의 기생집을 누비고 다니던 충청도의 부잣집 아들과 혼인했다. 시집살이를 하던 석정희는 서울에서 많은 날을 허비하는 남편을 찾아 상경했다가, 극작가이면서 토월회 전무였던 이서구를 만나 그의 권유로 한국 최초의 연극단체였던 토월회의 창단 멤버 '석금성(石金星)'이란 이름으로 입단한다.

그가 여배우가 될 수 있었던 것은 빼어난 용모에다가 적극적인 성격이 원인이 되었지만, 그보다도 그녀 자신이 연극을 매우 좋아했고 따라서 토월회 연극을 자주 관람한 데 따른 것이다. 여배우가 대단히 부족했던 그 당시, 그녀는 토월회로부터 기방 급료에 못지않은 60원이라는 거금을 받고 무대에 서게 되었다.[4]

1925년 광무대 공연의 〈추풍감별곡〉의 주역인 추향을 맡아 첫 무대를 밟았다. 데뷔 공연이었음에도 불구하고 그녀는 배짱 있고 괄괄한 성격이어서 조금도 위축되지 않았으며, 첫 무대부터 개성과 배우로서의 면모를 보여 주었다. 그로부터 그녀는 선배 복혜숙과 쌍벽을 이루면서 연극무대의 신데렐라로 세간의 이목을 모으기 시작하였다.

이 시기의 대표작은 〈간난이의 설움〉, 〈스잔나〉, 〈카투사〉, 〈희생하든 날 밤〉, 〈춘향전〉, 〈산 송장〉, 〈쟌발쟌〉, 〈혈육〉 등이었는데, 당시 숱한 영화계로부터 출연 교섭이 줄을 이었다. 그 밖에 〈아리랑고개〉, 〈모란등기〉 같은 무대극에서는 보다 많은 인기를 끌기도 하였다.

워낙 억세고 저돌적인 성격의 소유자였던 그녀는 연기생활과 실제 생활에서 억눌려 살아온 자신의 삶을 현실적인 연기로 나타내어, 당시 여성들의 우상이 될 만큼 스타로 부상하였다. 하지만 19세의 나이로 시집을 갔지만 결혼생활은 순탄치 못했고 결국 다시 무대와 스크린에 복귀하여 맹활약을 보여주었다.

여배우 트로이카, 석금성이 되다

당시 『매일신보』의 기사에는 "무대배우 석금성(石金星, 웃음 속에 피는

눈물) 불완전한 무대설비와 이해 없는 사회가 무엇보다도 큰 고통"이
라는 제목으로 실렸다.

"나는 본시 기생 출신으로 봄바람에 나부끼는 노류장화의 생활도 해 보았고, 또 남의 여염집 주부 노릇도 하여 보다가 어떤 사정으로 인하여, 지금으로부터 6년 전 봄에 당시 광무대에서 공연 중인 토월회에 가입한 것이 내가 여배우로 행세하게 된 첫 발단이 된 것입니다. 첫 무대는 〈추풍감별곡〉의 추향(秋香)이었는데, 그리고 연극을 하는 사이사이에서 〈약혼〉과 같은 영화에도 출연해 본 경험이 있었습니다마는, 나에게는 암만해도 무대극이 적당한 것 같습니다. 그리고 나의 성격으로 보아서 가장 적역(適役)이라고 생각하는 것은 토월회에서 공연한 〈스잔나〉와 기타 천진스러운 것이나, 그렇지 않으면 날뛰고 까부는 역인 것 같습니다. 저의 희망은 조선에 훌륭한 극단과 극장이 하루바삐 생기는 것입니다."

조금 쌀쌀맞은 듯하면서도 귀여운 미모의 소유자였던 그녀는 비극적 주인공이나 호화스러운 귀부인 역할에 잘 맞았다고 한다. 또 석정희는 조선 연극계 전체에 대하여 첫째 기성극단이 지나치게 검열문제에 민감하다는 것, 둘째 좌익극단은 다소 좌익소아병적인 것, 셋째 극장 경영자가 너무나 흥행위주의 경영을 하는 것 등에 대하여 당돌할 만큼의 목소리를 높이기도 하였다. 이는 석금성이 현실적인 프로극인 진보적 연극인으로서의 열의와 기개를 보여주기도 하는 부분이다.

1930년대에는 미나토좌(港座) 신극부에서 출연하고 태양극장의 주

역으로 다시 등장했으며, 태양극장이 해산되면서 주로 영화에서 모습을 드러내었다. 해방과 함께 토월회 재건무대에 복귀했으나, 다시 영화계로 옮겨가서 조연배우로서 꾸준히 인기를 확인하며 자리를 찾았다.

1937년 안석영 감독의 무성영화 〈심청전〉으로 영화계에 데뷔한 이후 200여 편의 영화에 출연했으며, 1985년에는 77세의 나이로 〈백구야 훨훨 날지 말라〉(정진우 감독)에 출연해 화제가 되기도 했다. 그 밖에 대표작으로 〈춘향전〉·〈단종애사〉·〈장화홍련전〉 등을 꼽는다.

젊은 날의 깜찍한 신세대 연기자의 이미지를 벗고 심술궂은 계모, 시어머니, 기생어멈 등 개성이 강한 악역을 도맡아 하면서 오히려 개성파 연기자로 자리를 굳혔던 그녀는 목숨이 다하는 그날까지 텔레비전 드라마 〈분례기〉·〈친애하는 기타 여러분〉·〈사랑의 향기〉 등에 출연해 노익장을 과시하기도 하였다.

무용가 최승희의 올케가 되다

그녀는 무용가 최승희의 오빠인 경성방송국 아나운서 최승일과 재혼했는데, 그는 카프계 출신 희곡작가였다. 최승일이 동생 최승희를 뒷바라지하며 8·15해방 후에도 월남하지 않자, 1948년 4남매를 모두 아버지가 있는 북으로 보냈다고 알려져 있다.

분단과 함께 남편과 자녀가 월북함으로써 그녀의 말년은 한적하고 외로웠지만, 1990년대 초까지도 간간이 영화와 TV 드라마의 노역으로 활약한 열정을 확인해 볼 수 있다.

무용가 최승희와 가족 사진
(뒷줄 맨오른쪽 석금성, 두 번째 최승일)

    그녀는 확실한 성격배우로서 무대와 스크린을 통해 강인한 어머니와 할머니상을 심어준 추억의 스타가 되었다. 그녀의 맏딸 최로사(崔露沙)는 그 후 북한의 유명한 시인이 되었으며, 막내아들 최호섭은 최승희의 영향을 받아 안무가로 활동하였다는 기록이 전한다.[5]

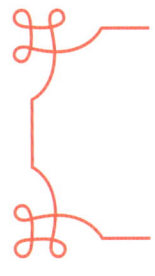

오디오형 명창가수, 기생

이화중선

[李花中仙, 1898~1943]

명창 중의 명창, 이화중선

이화중선은 판소리사에서 전설적인 자리를 차지하고 있는 인물이다.

경남 동래 출신으로 본명은 이봉학(李鳳鶴)이고, 망건 기술자인 아버지를 따라 5세 때 전남 보성군 벌교읍에 정착하게 되었다.

판소리에 입문하게 된 것은 가세가 빈한하여 부모를 봉양하고자 13세 되던 해에 동기(童妓)가 되면서부터이다. 13세에 동기로 기적(妓籍)에 올라 송만갑에게 소리를 배웠고, 학습과정에서 17세에 장득진의 첩으로 들어갔다가, 1921년 무렵 서울로 활동무대를 옮겨 조선권번에 들어가게 된다.

1923년 조선물산장려회가 주최한 '전국판소리대회'에서 심사위원 박기홍의 눈에 든 화중선은 "가히 꽃 중의 선녀"라는 찬사와 함께 '화중선(花中仙)'이란 예명을 얻게 된다. 이후 다양한 연주와 공연활동을 통해 얻은 대중적인 인기를 기반으로 음반취입까지 이어졌다. 취입 초반부터 수많은 히트곡과 엄청난 판매량을 기록하자, 그녀의 상업적 가치를 높이 평가한 다른 회사들도 앞다투어 취입을 서둘렀다고 한다.

그녀의 소리는 맑고 높은 천구성(天口聲) 계통의 소리이므로, 떨림판과 나팔통식 공명을 이용하는 유성기에서 선명하게 재생되는 이점을 지니고 있어서 다른 판소리 명창보다 더욱 유리하였다.

그녀의 소개로 송만갑을 만나 국창의 위치에 오른 김소희(인간문화재5호)는 "이화중선의 공연단이 시장에 천막을 쳤습니다. 울긋불긋한 깃발을 휘날리며 북, 장구, 징, 꽹과리를 치는데 가슴이 막 울렁거리더군요. 더더구나 천막 안은 별천지였지요. 예쁘게 장식한 무대 위에 남녀명창들이 나와 소리를 하는데 모두가 하늘에서 내려온 선남선녀입니다. 이화중선이 부르는 심청가 한 대목은 그만 나의 혼을 온통 빼앗아 가버렸어요."라고 이화중선에 대해 회고하였다.

이전에도 여류 명창은 있었지만 남자 중심의 소리판에서 여창의 역할은 미미했다. 최초의 여류 명창 진채선(1847~1901)도 남장(男裝)을 하고 소리를 해야 할 정도로 판소리 하면 으레 남자였던 것이다.

이화중선의 폭발적인 인기는 여자들에게 남자 명창을 능가할 수 있다는 자신감을 주기도 하였다. 그 이후 김초향, 김여란, 박녹주, 강소춘, 임소향 등 실력 있는 여류 명창이 줄이어 탄생하여 판소리계를 주도했다.

판소리는 목을 둥글게 열고 코를 울려 소리를 내는 서양 발성법과 다르고, 걸걸하면서도 탁한 소리를 배의 힘으로 크게 질러내야만 으뜸소리라 한다. 하지만 이러한 고정관념을 깨고 영롱하면서도 맑은 소리를 내는 것이 이화중선만의 매력이자 장기였다. 말하자면 듣는 이에게 부담을 주지 않고 자연스러운 창법을 구사하면서 목에 핏대를

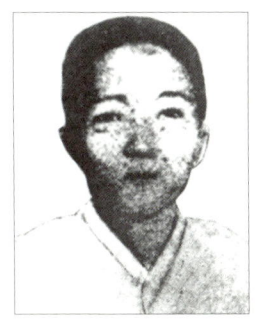 

명창 기생 이화중선

세우지 않고도 샘물처럼 솟구치는 노래를 불러 청중의 절대적인 인기를 얻을 수 있었던 것이다.

음반 취입으로 더욱 유명해진 명창

녹음된 음반의 종류, 방송출연 기록, 신문에 보도된 빈도, 주변의 증언을 보더라고 이화중선은 김초향과 더불어 여류 창악계의 쌍벽으로 손색없는 명성을 남겼다. 춥고 배고팠던 서민들에게 그녀는 혹독한 일제를 견디는 큰 위안과 희망이 되기도 하였을 것이다.

시작은 늦은 감이 있었지만, 1920년 후반부터 타계할 때까지 23년 동안 그녀는 '귀명창'들의 사랑을 거의 독자지하였다.

31세에 그녀는 일축조선소리에서 첫 음반을 취입하였고 이후 콜럼비아, 빅터, 오케이, 시에론, 다이헤이 등 여러 회사로 늘려갔다. 한국고음반연구회, 서울음반, 신나라레코드에서는 이화중선의 녹집 음반을 복각하여 내놓았었다 한다. 그래서 일제강점기 때에 임방울과 함께 음반을 가장 많이 녹음한 명창으로 꼽히고 있다.

1935년 『매일신보』는 신년 특집 '각계의 제일인자' 기사에서 가곡에 하규일, 판소리에 송만갑과 이화중선을 선정하였다.

38세에 대동가극단에서 강남중, 임종원, 임방울, 박초선과 함께 전국 순회공연을 하였다. 그때마다 그녀가 좋아하는 흥보가와 심청가, 때로는 창극과 남도민요 육자배기가 공연의 절정을 차지하곤 하였다.

46세에는 일본의 탄광과 군수품 공장에서 일하는 한국인 노동자를 위한 위문공연을 떠났다. 그러나 말이 위문예술단일 뿐 보수도 없이 목이 쉬도록 공연해야 여비와 숙식비 정도나 받는 중노동이었다. 작은 체구에 겹치는 피로와 영양부족으로 마침내 그녀는 무대에 서기조차 힘들게 되고 말았다. 무대에서 노래를 부를 수 없다면 이미 산목숨이 아니라고 여기던 그녀였다.

평생 수많은 사람에게 노래를 통해 살 힘을 주었지만, 정작 그녀가 작고 쇠잔해진 몸이 되었을 때, 누구에게서도 도움받을 수 없음을 깨달은 화중선은 바다에 뛰어들어 46세의 고달픈 생애를 마쳤다.

『조선창극사』에서는 그녀의 외모를 두고 추하고 박색에 가깝다는 혹평을 하기도 하였지만, 뛰어나게 미려한 목소리를 인정하는 데에는 이견이 없다. 이렇게 해서 오디오형 가수시대의 서막이 올랐던 것이다.[6]

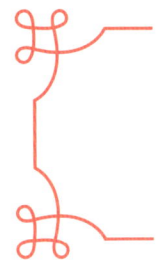 

'얼짱' 미인 기생

장연홍

[張蓮紅, 1911~?]

대중인기 스타가 된 기생

1930년대 일반인들이 근대성을 경험할 수 있었던 조건으로서는 우선 라디오, 축음기, 영사기 등의 '기계'들과 전람회, 박람회, 운동회, 영화관, 유람단 등에 의해 형성되는 '조직'이라 할 수 있다. 여기에 빠짐없이 등장하는 것이 권번의 기생들이다. 조선의 기생조합 대신에 일본식 명칭인 '권번(券番)', 그곳에 소속된 기생들은 라디오의 음악방송에서 주로 출연하고, 축음기의 음반을 취입하여 대중적 인기 가수의 반열에 올라선 이들도 있었다.

초창기 영화도 기생 출신의 영화배우가 중심이었으며, 각종 전람회와 박람회에 흥을 돋우기 위한 예능의 기예도 각 권번의 기생들이었다. 1900년 '파리 만국박람회'에 조선의 특산품으로 기생을 출품하려고 한 상황만 하더라도 이를 단적으로 보여준다.

신문광고에 등장하는 제품광고 및 잡지, 행사 포스터의 표지 사진 등에도 기생들이 많았다.

1930년대에 '단발미인'이라는 용어가 널리 퍼질 만큼 이전 시대부터 실행해 온 단발이 신여성들 사이에 크게 유행했고, 웨이브를 주는 파마까지 등장해 퍼져나갔다. 처음에는 화력을 이용한 '고데'를 하는 바람에 모발이 많이 손상되었지만 서구에서 파마 기구가 수입되면서부터는 한층 안전하고 편리해졌다. 당시 파마의 가격은 쌀 두 섬에 해당할 정도로 엄청났지만, 주로 기생을 선두로 해서 차츰 확산되었다.

이를 보면 기생들은 현재의 연예인처럼 방송, 음악, 영화, CF, 행사 도우미 등 활발한 활동을 전개한다. 권번은 지금의 연예인 기획사, 매니저의 역할로 볼 수 있다. 또한 권번 기생은 당국의 '기생영업인가증'을 받아야 하는데 오늘날 '개인사업자 등록증'처럼 직업으로서 인정받았다. 이 웃음과 기예를 팔던 기생을 대신하여 권번이 화대를 받아주고 이를 7:3의 배분으로 나누어 가진 상황이 요즈음 연예인들과 얼마나 흡사한지 일일이 열거하기 어려울 정도이다.

얼짱 기생의 귀여운 선택, 장연홍

기생으로 알려지려면 춤이나 노래실력이 적어도 명기의 체면을 손색 시키지 않을 만큼이어야 함은 말할 나위가 없다. 게다가 천하절색의 홍안까지 지녔다면 굳이 시대를 묻지 않더라도 누구나 그 자태를 한 번쯤 돌아보게 되는 것은 당연하다. 장연홍이 바로 그런 기생이었다. 요즘 인터넷에서 한창 뜨는 '얼짱' 스타 정도로 소개하면 될까.

장연홍은 평양 출신으로 평양 기성권번 소속 기생 중에서도 당대 뛰어난 화초기생이었다. 그녀는 '애수의 미인', '가을의 미인' 그리고 '팜므파탈의 눈'으로 그 독특한 미모에 대한 찬사를 한 몸에 모았다. 그녀의 천하일색 미모는 미인을 생각할 때 누구든 평양기생 장연홍을 먼저 손꼽을 만큼 당대를 풍미하였다.

기생은 기생 노릇하다가 살림에 드는 것이 누구에게나 받아야 하는 운명이었다. 장연홍은 살림에 들더라도 물을 건너 외국으로 갈 것이라고 말할 정도로 인기였으니 그것은 비단 평양의 한량이나 조선 사람만이 그녀를 차지하는 것이 아니라 서양 사람들과 일본 사람도 다 각기 욕심을 낼 정도로 장연홍과 가정을 이루어 보려고 마음과 힘을 다하고 있을 정도였다.

연홍은 평양의 유복한 가정에서 외동딸로 태어나 고이 자랐다. 그녀는 태어날 때부터 영리하고 눈처럼 하얀 피부와 꽃 같은 얼굴로 아침 이슬에 피어나는 함박꽃처럼 탐스럽고 아름답게 피어났다. 이 때문에 주위의 이목을 끌고도 남았던 모양이다. 그녀의 부모는 고이 길러 원앙 외짝을 맞춰 일생을 의탁하려고 그야말로 불면 날아갈세라 쥐면 터질세라 염려하였다. 말 그대로 금지옥엽처럼 자랐지만 5세 때에 부친이 세상을 떠나자 외롭게 남은 연홍 모녀는 호구지책마저 궁하게 되었다. 마침, 친척도 없고 장성한 아들도 없는 연홍의 어머니는 오직 연홍이가 장성하는 데 새미를 붙여 길고 긴 가을밤이나 살을 에는 듯한 겨울밤에도 잠시도 쉬지 않고 삯바느질과 물을 긷고 절구질하는 일을 마다하지 않고 그날의 곡식을 구할 정도였다.

이처럼 어머니는 딸의 장래를 위하여 자기의 일생을 희생하는 모성애로 자신의 식사를 줄였다. 하루 두 끼밖에 못 먹는 자기 식사를 한

기생 장연홍의 사진들

『조선중앙일보』 1933년 8월 6일   『조선중앙일보』 1933년 8월 9일

끼로 줄이고 전보다 4, 5시간이나 힘든 일을 더 했다. 거기서 나오는 영세한 금액을 모아 연홍을 공부시켰다고 한다. 똑똑하고 속마음 깊던 연홍은 늙은 어머니가 힘겨운 노동과 영양부족으로 야위어가는 얼굴을 보면서 마침내 기생이 되리라 결심을 굳히게 된다. 어머니의 굶주리는 상황과 집안 형편이 날로 기울어져 가는 것을 본 연홍의 마음에 동요가 생긴 것이다. 그녀는 마침 주위의 권유도 있었다. 자기의 한 몸을 희생해 늙은 어머니의 심려와 걱정을 더는 동시에 황폐하여 가는 자기 집을 가냘픈 자기 힘으로나마 일으켜 세우리라 결심하게 되었다.

14세에 평양기생으로 화려한 데뷔를 하게 된 연홍은 평양에서 그야말로 '인기짱', '얼굴짱'인 명기가 되었다.

14세가 되자 돋아오는 반달 같은 얼굴을 보고 뻗어오는 유혹의 손들이 줄을 이었다 한다. 이런 듯 취한 듯한 쌍꺼풀진 눈, 사람을 금방이라도 삼킬 듯한 매력 있는 선웃음, 사람이 근접하기 어려울 만큼 고

상하고도 엄숙한 태도에 연홍의 이름은 높아가기만 하였다. 속 못 차리는 뭇 남성 중에는 조선 사람, 일본 사람, 서양 사람들을 가리지 않고 연홍의 절개를 꺾어보고자 천금을 아끼지 않았다고 한다. 온갖 꿀 같은 유혹의 말과 꼬임에도 연홍의 굳은 마음은 더욱 지조를 굳게 할 뿐이었다.

상해로 유학을 가는 기생 장연홍

그녀가 기생이 된 지 얼마 되지 않아 같은 사정으로 기생의 몸이 된 손위 기생도 늘 같은 설움에 부대끼는 처지라 연홍을 대할 때마다 "우리가 비록 현실의 악착한 불운을 당하여 세상 사람이 비웃고 침을 뱉은 기생의 몸이 되었을망정, 나의 지조를 팔고 살을 벗어주는 천착

한 행동을 하지 말고 끝까지 싸워보자! 그리고 우리는 우리의 이상이 있고 우리가 먹은 결심이 있으니, 그것을 관철하기까지 모든 유혹을 물리치고 꿋꿋이 나아가서 사람다운 짓을 해보자!"라는 격려와 위로를 해주었고 연홍도 마음을 가지런히 하고 날마다 독서와 수양에 게을리하지 않았다. 그리고 생각하면 눈물과 한숨뿐일 앞날을 염려하며 언제라도 그 자리를 벗어나려고 결심하여 왔었다.

21세 때 그녀가 몸을 담고 있다던 기성권번이 어떤 자본 재벌의 책동으로 '주식회사'로 변경되면서부터, 횡포와 행패가 심해지고 전에 있던 자기네들의 권리와 존재도 없어졌다. 이것에 분개한 장연홍 일파는 진두에 나서서 필사의 반항도 하여 보았지만, 전에 마음을 같이하고 뜻을 합하였던 동무기생들은 마침내 하나둘씩 흩어지고 머리를 숙이게 되었다.

이를 기회로 뭇 사내들의 가슴에 불을 당기던 연홍이 돌연 기생으로서의 삶을 접고 상해로 건너가는 일대 사건이 발생했다. 더군다나 공부를 하겠다고 말이다. 장연홍은 과연 남모르는 굳은 결심과 부모에게조차 알리지 않은 어떤 원대한 생각을 손위 기생에게 남기고 떠난다.

"언니! 나는 고국을 떠나 끝없이 가려 합니다. 나는 조금 살고 뜻있는 죽음을 하라는 언니의 말씀에 결과를 내고자 이 정든 평양을 떠나겠습니다. 더럽힌 몸과 마음을 깨끗이 씻어야 한다는 언니의 말씀에 감복하여 나는 떠나는 것입니다. 언니와 다시 만나는 날이면 예전 탈을 벗고 세속의 모든 애욕을 떠나 야비하고 추악한 속된 선을 넘지 않은 엄연한 연홍이가 되어 언니와 대하려 합니다."

그녀의 선택은 꿈의 실현 여부를 묻지 않고서라도 세간의 이목을 모으기에 충분했고, 언론으로부터 '귀여운 포부'라는 격려를 받기도 하였다. 그녀는 상해에서 학업을 하였는데, 일구월심에 편친을 생각하고 고국강산이 그리워 눈물과 한숨으로 지내는 중에도 자신의 원대한 포부와 각오한 사명을 달성하고자 오직 앞을 바라보며 전진하고 있었다.

상해에서도 그녀의 미모는 또다시 갖은 유혹을 받고 있었음은 말할 나위도 없다. 23세 때 상해에서 어떤 사건으로 영사관에 붙들려 갔다는 소식 이후로 애석하게도 더 이상 그녀의 소식은 잘 알려진 바가 없었지만, 뒤늦게 자료를 찾을 수 있다.[7]

그 이후 장연홍은 1948년 9월 11일자 『평화일보』 신문 광고에 등장하는데, '고급 조선요리 전문' "육미장"의 경영주인 중에 장연홍이 발견되어 동일 인물이라고 추측된다. 왜냐하면 1949년 2월 12일 자 『연합신문』에 '조선 요리전문' 주간스기야기부 특설 "육미장"에 '미인접

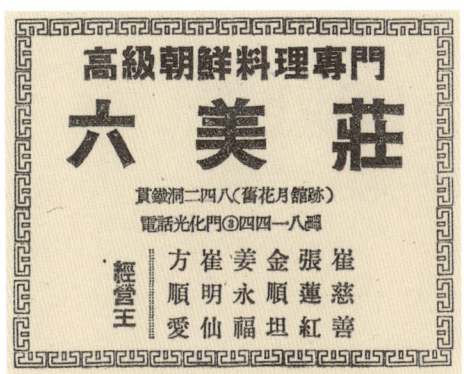 

『평화일보』 1948년 9월 11일   『연합신문』 1949년 2월 12일

대부의 명랑한 서비스'라고 광고하고 있기에 장연홍의 흔적으로 볼 수 있다.

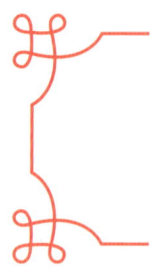 

민요의 여왕, 기생

이화자

[李花子, 1915~1949]

기생 이화자의 발견

"진정코 이 세상을 떠나셨나요. 불효자는 머리 풀고 목 놓아 웁니다. 생전에 못다 바친 불효는 죄가 되어 밤새워 베치마에 얼굴을 파묻고 하염없이 울었나이다."

이 노래는 박시춘 곡으로 민요의 여왕 이화자의 히트곡 '어머님전상서'의 가사이다. 구수한 우리 가락의 넋두리 같은 민요풍의 노래로 콧소리가 섹시하고 청승맞게 소리를 잘 굴리는 솜씨는 그 누구도 흉내 낼 수 없는 이화자의 매력이었다고 한다.

1935년부터 1949년까지 14년간 대중의 사랑을 받다가 세상을 떠난 민요의 여왕 이화자는 지금도 나이 60이 넘은 올드팬들의 기억에 남아 있을 초기 가수이다.

그녀의 출생과 과거에 대해서는 짐짓 베일에 싸여 있지만 그녀의 캐스팅에는 재미있는 사연이 있다. 1935년 무더운 한 여름날 가수 겸 가요작가이던 김용환(金龍煥, 가수 김정구의 형)이 노래 잘 부르는 여자가 부평 술집에 있다는 소문만 듣고 무작정 그녀를 찾아 나섰다고 한다.

부평에서 백마장으로 빠지는 변두리의 한 술집에 들어선 김용환은 한눈에 이화자로 보이는 젊은 여인이 무릎까지 치마를 걷어 올린 채 앉아 있는 것을 본다. 손에는 태극선을 쥐고 더위를 이기려는 듯 무료한 표정인 이화자를 발견한 것이다. 부평을 다녀온 김용환은 동료들에게 그 여자의 첫인상을 다음과 같이 전했다고 한다.

"얼굴은 갸름한데 더위 탓인지 얼굴에는 개기름이 번지르르 하더군, 마치 밀감 껍질처럼 땀구멍이 커다랗게 말야. 그걸 숨기려고 화장을 짙게 하고…. 헌데 노랫가락만은 기차더군, 정말 왕수복은 저리가라였어…."

〈어머니 전상서〉를 대히트한 이화자

당시 최고 인기 여가수 왕수복보다 그녀의 노래 솜씨가 훌륭하다는 그의 평가에 폴리돌 레코드사에서는 호기심과 욕심이 동했고, 이화자의 첫 취입곡 〈초립동이〉(김용환 작곡)를 시작으로 신곡 유행가의 붐을 일으켰다. 레코드 가게에서 길거리에 내놓은 스피커 앞에는 이 노래를 배우려 사람들이 몰려들었다. 쇼윈도는 이화자의 요염한 사진과 함께 '초림동이'의 가사가 큰 글씨로 쓰여 내걸려졌다.

신곡 유행가를 배우려고 레코드 가게 앞에 사람늘이 모여 서 있는 풍경은 자주 볼 수 있는 당시의 풍속도 같은 것이었지만, 이화자의 새

노래를 듣기 위해 몰려드는 사람들은 그야말로 인산인해를 이루었다고 한다. 이화자는 당시 인기 절정이던 민요가수 왕수복·선우일선을 능가하는 민요가수로 주목을 끌었다. 계속해서 〈꼴망태목동〉, 〈화류춘몽〉, 〈목단강편지〉 등을 연속 히트시켜 술집에서 젓가락 장단에 맞추어 노래하던 그녀는 2천만 국민의 애인으로 변신하였지만 저축을 하거나 집을 장만하지도 않았고 청진동의 '일광여관'에 장기 투숙하는 게 고작이었다. 그것은 당시 지방 순회공연과 만주까지 순회공연을 다녀오면 몇 개월씩 서울을 떠나 살아야 했기 때문이기도 하였다.

"나는 가난했어. 그래서 술집에 나왔었지."

이 말은 그가 단 한 번 던진 자기 신세타령이었다.

그래도 〈왜그렁타령〉·〈남원의 봄빛〉·〈아무랑에 고소해〉·〈참말 딱해요〉·〈천리몽〉 등을 이어 음반으로 내어 그녀의 인기는 날로 높아만 갔다. 1938년 오케이 레코드사에서 이천 원의 거액으로 이화자를 전속시키고, 박시춘 작곡인 〈어머님전상서〉·〈목단강편지〉 등이 새로 나와 또 한 번 인기를 끌었다. 오케이 레코드사에서 1940년까지 수많은 민요풍의 노래를 녹음하였으며, 대개가 박시춘·김용환의 작품들로 〈화류춘몽〉·〈물방아〉·〈허송세월〉·〈초가삼간〉·〈삽살개타령〉·〈신 오돌독〉·〈신 노들강변〉·〈겁장이 촌처녀〉·〈노래가락 범벅타령〉 등이었다. 1941년부터는 오케이 레코드사 전속 단체인 조선악극단 소속이 되어 무대공연의 인기가수로서 화제의 주인공이 되었다.

자유분방하게 살다 간 기생 이화자

13세 어린 나이에 술집에 의탁 전전하다가 19세에 민요가수로 대출세한 그녀는 남자 없이는 단 하룻밤도 못 산다는 말이 떠돌 만큼 뜨거운 여자이기도 하였다. 왼손의 둘째, 셋째 손가락의 절반이 온통 노랑 물감을 들인 것처럼 담뱃진이 배어 있는 골초이기도 했다. 워낙 골초인데다 말년에는 아편에까지 손을 댔다고 한다. 그래도 일제 말기 일본에서는 재일교포들을 상대로 한 쇼 공연에서 관객을 끌어모으기 위해 가짜 이화자를 등장시키기까지 했을 정도로 해외 교포 사회에서도 이화자의 인기는 절대적이었다.

1945년 8·15 광복 이후 그녀는 다시 지방을 전전하는 유랑극단 공연무대를 따라다녀야 하는 고달픈 신세가 되었다. 그때 이 단체를 이끌어 가면서 부산극장을 경영하던 홍 모 씨와 살림을 차렸다. 일찍이 면사포 한번 써보지 못했던 그녀가 처음이자 마지막으로 가정이라는 것을 꾸리게 되었던 것이다. 그러나 얼마 후 파경이 되어, 다시 서울로 올라와 단성사 뒷골목에 셋방을 얻어 궁색한 생활 속에서 아편에 의지하는 비참한 세월을 보내게 된다.

가끔씩 쇼 단에서 그녀를 특별 출연을 시켜주면 감지덕지 출연하곤 했지만, 그때는 이미 인기가수 이화자가 아니었다.

"한때는 장안의 모든 남자가 나를 원했어. 이야기 상대만 해주어도 황홀해하는 표정들을 잊을 수 없어. 그러나 옛날에나 있었던 일, 이제 나를 원하는 남자는 없어. 요사이처럼 밤이 길고 외로워서야 어디 살맛이 나겠어?"

그녀가 가끔 만나는 동료 연예인에게 털어놓던 말년의 넋두리였다.

이때 그녀의 나이 33세로 아직 한창나이인데도 얼핏 보면 할머니로 착각할 정도로 마약에 절어, 곧잘 짙은 화장으로 자신을 지켜보려 했으나 뜻대로 되지 않았다고 한다.

1949년 어느 봄날 단성사 무대에서 〈꼴망태목동〉, 〈어머님전상서〉를 열창하면서 앙코르도 받았지만 철 지난 털목도리를 목에 두르고 극장 뒷문을 나선 1주일 후 그는 온기 없는 냉방에서 그녀의 임종을 지켜보는 사람도 없이 쓸쓸하게 35세의 짧은 일생을 마치고 말았다. 왼쪽 팔에 주삿바늘이 꽂혀 있더라는 소문을 남긴 채였다.[8]

인생은 설레는 바다, 기생

왕수복

[王壽福, 1917~2003]

평양기생학교시절(1917~1931년; 1~15세)

나는 뜨거웠던 삼일 만세운동이 일어나기 두 해 전에 태어났습니다. 그리고 대한민국의 월드컵 4강 신화를 북녘땅에서 들은 이듬해 파란 많던 내 가수 생활을 접고 세상과 작별했지요.

지금부터 평양의 기성권번을 거쳐 1930년대 최고 인기 스타에 오르기까지의 이야기, 그리고 결코 잊을 수 없었던
내 삶의 아련한 이야기들을 전하고자 합니다.

주변에서 나를 아는 사람들은 보통 쾌활하고 명랑한 내 성격에 후한 점수를 주었습니다. 심지어 인정이 많다는 말에는 다소 쑥스러워지기도 했지요. 사실 나의 외모는 목이 좀 짧아 그렇지 그래도 상체와 하체가 고루 발달되어 있는 편이라서 볼수록 육감적이라는 말도 많이 듣고 했답니다.

평양 기성권번의 기생양성소, 즉 기생학교

　게다가 타고난 청아한 목소리와 풍부한 성량은 운 좋게도 우리 민족 특유의 '한'이라는 정서에 잘 어울렸고 높은 예술적 경지로 평가받기도 하였습니다. 좀 잘난 체하는 듯 들릴지도 모르겠지만 내 독특한 가창 실력을 두고 한때는 '설레는 바다'라는 비유로 언론의 찬사를 받기도 했으니까요.

　어느 어머니가 딸을 기생으로 만들고 싶었겠어요. 하지만 우리 집의 형편으로는 보통학교를 다닐 수 없는 건 기정사실이었고, 어느샌가 이미 기생의 길로 접어들어 있던 언니의 선택이 어머니도 나도 다른 선택의 여지가 없는 것으로 느껴지게 하였던 것이지요. 언니는 그 후 '방갈로'라는 다방을 평양에 열었습니다. 그 덕분에 오해를 많이 받아 곤란한 일도 간혹 벌어졌지요.

　어쩌면 그것은 언니의 자취를 그대로 밟는 의례적인 절차가 되어 버릴 수도 있었겠지만 그래도 나는 스스로 다르다고 생각을 다잡곤 했습니다. 그래도 명색이 나는 정식으로 허가받은 기생학교 1기생이었으니까요. 물론 그전에도 어린 기생을 교육시키는 곳은 있었지만, 공식적인 양성소로 형식을 갖추고 학교로 불린 것은 그때가 처음이었거든요. 전통적인 노래들인 가곡, 가사를 전공하면서 가야금, 장구, 무용, 미술까지도 배울 수 있었던 그곳이 나에게는 꿈에도 그리던 배움터가 되었습니다.

나는 3년 성적이 좋았답니다. 열네 살 때에 우등으로 졸업했어요. 그런 뒤 기생이 되었지요.

첫 전성기, '10대(大) 가수'의 여왕(1932~1939; 16~23세)

1930년대는 인기 대중가수로서 나의 첫 번째 전성기이면서 잊혀지지 않는 삶의 순간순간이 채워진 나날이었습니다. 그 당시 처음으로 기생 출신 최초의 유행가수가 되고, 경성방송국(JODK)이 일본 전역으로 최초 유행가 방송을 한 이가 바로 나였지요. 잡지 『삼천리』 주최로 '레코드 가수 인기투표'에서도 전체 1위를 했지요. 마치 요즈음 '10대 가수'의 가수왕이 된 것처럼.

드디어 열아홉에 기생인가증을 반납해서 기적에서 이름을 빼고, 일본 도쿄로 성악 유학길에 올랐습니다. 스물하나에 폴리돌 레코드 회사와 결별하고, 이탈리아 성악 개인 교습을 벨트라멜리 요시코에게서 받게 되었지요. 일본 도쿄에서 '무용·음악의 밤' 자선공연에서 메조소프라노를 맡아 우리의 '아리랑'을 성악 민요조로 부르지요. 이를 계기로 일본 아사히신문과의 인터뷰를 통해 널리 알려지게 됩니다. 지금도 그날을 생각하면 안타깝고 활기찬 그리움이 각인된 회상으로 가득 차 버리지요.

직업적인 가수생활은 열일곱 살이 되던 1933년 봄부터였습니다. 1930년대에 접어들면서 세간에는 민요조 유행가가 크게 유행하기 시작하였습니다. 아마도 억눌려 있던 민족감정과 저항 의식이라는 변수가 전통음악을 돌아보게 한 듯싶습니다. 이런 노래를 이미 민요와 창에 익숙해져 있는 권번 기생들이 부르게 된 것도 어쩌면 당연한 일이었고요.

기생 왕수복의 〈고도의 정한〉 SP음반(폴리돌 레코드)

1933년 폴리돌에서 취입한 "외로운 섬에서의 한스러운 사랑"이라는 뜻인 〈고도(孤島)의 정한(情恨)〉이 대히트를 하였습니다. 후에 〈칠석날〉로 고쳤지요. 그 일로 나는 폴리돌 레코드사의 전속계약을 맺고 70여 곡을 더 취입하게 되었습니다.

칠석날 떠나던 배 소식 없더니
바닷가 저쪽에는 돌아오는 배
뱃사공 노래 소리 가까웁건만
한번 간 그 옛 님은 소식 없구나

어린 맘 머리 풀어 맹세하든 일
새악씨 가슴속에 맺히었건만
잔잔한 파도소리 님에 노랜가
잠드는 바다의 밤 쓸쓸도 하다

칠석날에 떠나는 임을 애타게 기다리는 바닷가 여인의 애끓는 심정을 담은 이 노래는 순정의 사랑도 눈물로 헤어져야 하였던 당시 일제강점기 수난의 시대가 배어 있는 연정 비가(悲歌)이었습니다. 나의 청아한 목소리와 독특한 발성으로 형상된 이 노래는 레코드와 함께 삽시간에 전국에 퍼져 가면서 망국의 한이 맺힌 겨레의 설움을 달래 주었습니다.

폴리돌 레코드 회사는 설립 후 처음으로 최고 매상고를 올렸고 왕수복의 이름은 레코드판과 더불어 전국의 방방곡곡에 널리 알려져 갔음은 물론입니다.

기생 왕수복의 〈무용·음악의 밤〉 홍보기사,
『동아일보』 1938년 12월 1일

왕수복 인터뷰 기사,
『오사카 아사히 신문(南鮮版)』 1939년 4월 9일

음악계의 최승희가 되고자 성악 공부를 위해 일본 유학으로

1937년 폴리돌 레코드 회사를 퇴사하고 나는 꿈에도 그리던 도쿄 유학길을 선택하게 되었습니다. 처음에는 일본 도쿄의 음악학교에 입학하였지만, 곧 개인교습을 받는 것으로 방법을 바꾸었습니다. 그리고 순이태리 계통으로 뺄, 칸토 창법으로는 일본 악단에서 제일의 권위자로 지적되는 벨칸토성악연구원에서 벨트라멜리 요시코 여사의 지도를 받게 되었지요.

1938년 10월 10일 도쿄 재류의 조선인 자제로 조직된 중앙소년단에서 기본재산을 만들기 위하여 조선·매신·동아 3지국 후원으로 12월 1일 밤 "무용과 음악의 밤"을 군인회관에서 메조소프라노로 내가 출연하였지요.

나는 일찍 폴리돌 회사 유행가수로서 출발하였으나 1937년에 결별하고 그 후 정식으로 성학을 연구하기 위하여 도쿄로 벨트라멜리 요시코 여사 문하에서 공부 중인 신진으로서 소개되었습니다. 이번 조선 전래의 노래를 서양식 창법으로 노래할 터인데 이 같은 시험은 금번이 처음인 만큼 도쿄 음악계에서도 상당히 화제가 되었답니다.

이때 나는 벨트라멜리 요시코 여사 문하에서 조선 전래의 노래를 서양식 창법으로 노래하여 관중의 환영을 받았던 기억을 잊을 수가 없습니다. 그때 「아리랑」을 가곡조로 불렀던 것이었습니다.

벨트라멜리 요시코 여사는 일본 도쿄의 우에노 음악학교에서 교편을 잡고 있던 분으로 원래 일본인이었습니다. 예전에 이탈리아의 유명한 소설가이면서 시인이었던 벨트라멜리(Beltramelli, Antonio, 1873~1930)에게 시집가서 내내 이탈리아에서 지내다가 남편과 사별하고 도쿄의 음악학교로 온 것이었지요.

　나는 조선 민요를 서양음악 발성법으로 불러 새로운 나만의 노래로 다시 만들어내고 싶었습니다. 〈아리랑〉뿐만 아니라 〈농부가〉에서도 '얼널너 상사 뒤' 하는 바로 그 멜로디나 양산도의 후렴 같은 것은 세계의 어느 나라 민요에서도 찾아볼 수 없는 부드러움과 조선만의 멋이 묻어있다고 굳게 믿은 탓이지요.

　이런 내가 "민요를 살리는 것이 그 민중의 전통적 음악을 살리는 첫 길이다."라고 힘주어 말할 때 벨트라멜리 요시코 여사도 이렇게 말씀하시었지요.

　"제 향토에서 낳아진 노래를 가지고 세계적 성악가가 되어야 합니다. 아무리 이태리 말로 잘 부른대야 이태리 사람이야 따를 길 있겠습니까. 그뿐더러 제 향토 것이 아니면 정말로 생명의 음악이 생길 수 없는 것입니다."

　나는 이 말씀이 모두 다 옳다고 믿었습니다. 그리고 나는 조선의 민요를 세계적으로 올려놓기 위해 도쿄에서 그다지 교제도 하지 않고, 또 연주회 같은 데 나와 달라고 여러 번 청을 받았지마는 모두 다 피하고 오직 이 길에 자신이 서질 때까지 일로 정진하려고 마음먹었습니다.

　그 당시 오사카 아사히 신문에 내 사진과 기사가 실렸지요. 나는 2, 3년간 더욱 성악을 연마해서 조선의 무용을 세계무대에 소개한 최승희처럼 조선의 민요를 크게 알리고 싶다는 포부를 말했지요.

　　　　19세기 미국 시인 일드 휘트먼(Walt Whitman, 1819~1892) 의 시집
　　　《풀잎 Leaves of Grass》(1855) 과 같은 표제로 이효석(1907~1942) 의

소설 《풀잎》(1942)은 나와의 사랑 이야기를 자전적 표현에 담아냈지요. 이를 토대로 마치 '메밀꽃 필 무렵'의 작가 이효석을 그리워하는 심정을 담아, 상상 속으로 그에게 보내는 편지를 구성하였답니다.

내 인생의 아픈 사랑에게

이렇게 시작하려고 하면 혹 당신은 화를 내실는지요. 당신은 나에게 아픔 밖에는 주지 못한 사람이었느냐고 말이지요. 하지만 당신을 사랑했던 만큼 더 지독하게 아프고, 당신을 사랑했던 만큼 더 칠흑같이 어두웠던 내 몸과 마음을 어찌 표현해야 할는지요.

>태양이 그대를 버리지 않는 한 나는 그대를 버리지 않겠노라.
>파도가 그대를 위해서 춤추기를 거절하고 나뭇잎이 그대를 위해서 속살거리기를 거절하지 않는 동안,
>내 노래도 그대를 위해서 춤추고 속살거리기를 거절하지 않겠노라.

월트 휘트먼의 시를 나에게 들려주던 당신은 지금도 고독하고 지적인 신사의 모습으로 내 눈 안에 가득합니다. 지금도 언제라도 마음만 먹으면 당신을 처음으로 내 마음에 담게 된 평양의 방갈로 다방이 눈앞에 그려집니다. 기껏해야 천하디 천한 기생 출신 유행가수의 가슴에 담기에 솔직히 당신은 너무 높았습니다. 하지만 당신을 담아서

는 안 된다고 생각하면 할수록 주위의 우정 어린 충고가 더 싫은 소리가 되고, 다방 한 구석에서 서양 고전 음악에 젖어있는 당신의 모습을 외면하려 하면 할수록 당신의 야윈 듯한 모습이 더 아프게만 가슴속으로 헤집고 들어왔지요.

마침내 용기를 내어 당신께 전화를 하기까지 얼마나 오래고 지루하고 가슴 뛰는 시간의 터널을 지나왔는지 짐작이

가산 이효석

나 하실는지요. 원래부터 책 읽기에 욕심이 많았던 것이 그때는 얼마나 다행이었던지 모릅니다.

당신과 만나서 대화할 때 나의 지식이 짧아 혹여 답답해하실까 봐.

고고한 당신의 지적수준과 내가 걸맞지 않아 말 섞기를 꺼려하실까 봐.

어쩌다가 당신의 친구들과 함께 할 자리라도 있게 되면 천하고 무식한 기생 애인으로 여겨져 당신이 나를 잠시라도 부끄럽게 여기실까 봐…….

나는 당신의 소설 속에 등장하는 유례, 관야, 미란, 세란, 단주, 현마, 나아자, 운파, 애라는 말할 것도 없으려니와 《신곡》의 베아트리체, 《햄릿》의 햄릿, 《파우스트》의 그레첸, 《좁은 문》의 알리사에 이르기까지 머리와 가슴 한 켠에 꼭꼭 눌러 담아 당신을 만날 준비 또 준비를 거듭하고 있었지요.

하지만 그러면 뭘 하나요. 당신과의 인연이 그리도 어렵게 시작된 줄을 아는지 모르는지 당신의 평양 대동공전 학생들은 내 집으로 찾

아와 '우리 교수님을 사랑하지 말아주세요' 하며 읍소를 하였으니 말이지요. 그러나 여기에 굴할 내가 아닌 것은 당신도 아시지요. 당신이 건강하지 않기 때문에 사랑하지 말았으면 좋겠다던 학생들에게, 당신은 나와 사랑해야만 건강해질 수 있다는 말로 학생들의 입을 막을 수 있었습니다.

당신과 어울리는 사람

그게 바로 나여야만 했고 당신은 내게 그 확신을 주셨지요. 사실 내 얼굴이 오목조목 예쁘장하거나 몸매가 가늘어서 가냘픈 미인은 아니었지만 당신은 늘 '달덩이 같은 환한 얼굴'에 '포도알처럼 맑은 눈'이라고 칭찬해 주셨지요. 그래서 당신의 야윈 얼굴을 보며 한없이 미안해지기도 심지어는 죄스러워지기도, 한편으로는 살진 내 얼굴을 보고 있노라면 당신 얼굴도 달처럼 차오를 때가 오지 않을까 바라고 믿곤 하였어요.

선생님, 당신은 유일하게 내가 존경하고 사랑하는 분이었습니다. 당신의 귀한 교양과 경력과 인격으로 말하자면 난 감히 당신 곁에 머무를 자격조차 없었겠지요. 하지만 당신이 내 안의 열정과 용기를 사서 사랑으로 만들었고 다시 나를 떳떳한 애인으로 만들어 주셨습니다.

나는 평소부터 소설가 남편을 만나 소설처럼 낭만적인 살림살이를 꾸려보는 것이 소원이었던 것은 당신도 잘 아셨지요. 그리고 꿈처럼 당신을 만나고 나는 잠시지만 당신을 내 꿈의 남자로 잡아두었었지요.

당신은 나를 왜 좋아하셨을까요. 당신은 당신의 돌아간 아내에게서 느꼈던 모습과 향기를 나에게서 느낀 것 같다 하셨지만, 그건 당신이 나에게 쉽게 오는 길이 아니었을까 자만해봅니다. 그래서 나의 지난 과거 속의 세 남자에 대해서도 당신은 너그러울 수 있지 않았나 합니다.

> 영웅이 이름을 날린대도 장군이 승전을 한 대도
> 나는 그들을 부러워하지 않았노라.
> 대통령이 의자에 앉은 것도 부호가 큰 저택에
> 있는 것도 내게는 부럽지 않았노라.
> 그러나 사랑하는 사람들의 우정을 들을 때 평생
> 동안 곤란과 비방 속에서도 오래오래 변함없이,
> 젊을 때나 늙을 때나 절조를 지키고 애정에
> 넘치고 충실했다는 것을 들을 때
> 그때 나는 머리를 숙이고 생각하노라.
> 부러워서 못 견디면서 황급히 그 자리를 떠나노라.

당신을 볼 수 있는 동안 나는 아무것도 부럽지 않았습니다. 다만 당신을 진작 만나지 못했던 것만이 원통하고 또 원통했지요.

그런데 나는 그런 당신을 남겨두고 정말 바보 같은 짓을 하고 말았지요. 그깟 옷가지들이 뭐실래, 내 하찮디하찮은 짐들이 무엇이길래, 당신을 두고 도쿄로 갔었는지 …….

그때 당신과 잠시라도 떨어져 있지 않았더라면 당신 건강이 그리 악화되지도 않았을 것을.

그리워하는 마음에 더 병들게 하지도 않았을 것을.

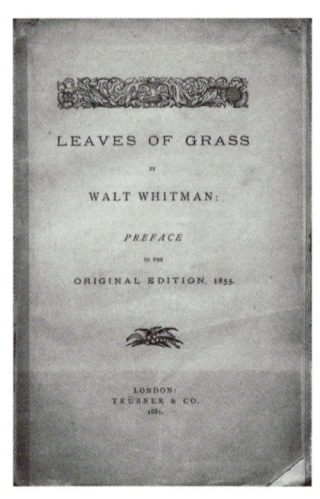
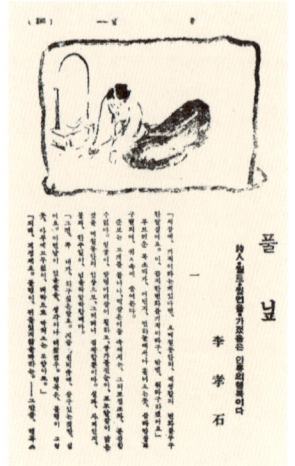

월트 휘트먼
(Walt Whitman, 1819~1892)의 시집
《풀잎 Leaves of Grass》 1881년 표지

이효석의 〈풀잎〉
(1942년, 『춘추』 1월호)에는 왕수복과의
로맨스를 자전적 소설형식으로
상세하게 남겼다.

　그 옷가지들을 모두 던져버리고 그림 같은 당신 모습 앞에 그냥 그림자처럼 묻어 있을 것을 …….
　지금도 당신의 피아노 연주 소리가 바람결인 듯 내 귀를 추억 속으로 이끌고 갈 때면 나는 어김없이 당신의 따뜻한 등 뒤에서 슬픈 새처럼 노래를 부릅니다.

　　나는 그대에게 한 가지 약속을 하노라. - 그대가 나를 만났기에 적당한 준비를 하기를 나는 요구하노라.
　　내가 올 때까지 성한 사람이 되어 있기를 요구하노라.
　　그때까지 그대가 나를 잊지 않도록 나는 뜻깊은 눈초리로 그대에게 인사하노라.

당신은 나에게 읊어주셨던 이 시의 약속을 지키지 못하셨지요. 나도 당신의 세 아이를 살뜰히 보살피고 알뜰한 새댁처럼 당신과 살림을 살겠다던 약속을 지키지 못하였습니다.

그래서 더 미안합니다.
그래서 더 보고 싶습니다.
그래서 아직도 사랑합니다.

내 인생의 아름다운 사랑에게

다시 이렇게 고쳐 부릅니다. 이렇게 부르면 화가 조금 풀리실는지요. 지금 내 머리에 흰 서리 내리고 기운 적어진 목소리 가늘게 떨리지만, 당신을 마지막 보내던 그때의 마음으로 진정으로 사랑합니다. 이것으로 내가 이 세상을 떠나 당신을 만나러 가기 위한 용서를 받을 수 있을는지요.

그리고 몇 생이 지나 우연의 한 길목에서 당신을 만나더라도 그때는 꼭 놓치지 않으리라. 그렇게 헤어지지 않으리라.

기생 왕수복 사진

내 가슴은 알고 있습니다.
어디에고 그때부터 다음 생은 없다는 것을 …….

기생 출신 최초의 레코드 유행가수가 되다

직업적인 가수 생활은 열일곱 세가 되던 1933년 봄부터였습니다. 1930년대에 접어들면서 세간에는 민요조 유행가가 크게 유행하기 시작하였습니다. 아마도 억눌려 있던 민족감정과 저항 의식이라는 변수가 전통음악을 돌아보게 한 듯싶습니다. 이런 노래를 이미 민요와 창에 익숙해져 있는 권번 기생들이 부르게 된 것도 어쩌면 당연한 일이었고요.

나부터도 그러하였지만 당시 평양 기생학교는 정규 과목에 창가가 있었고 물론 민요, 곡조와 더불어 일본 창도 배웠지요. 바로 일본의 아악, 민요와 창가를 정식으로 배웠었거든요. 당시의 대중가요 작곡가들은 창가류의 일본 대중가요 리듬을 인용하여 신민요를 만들어 레코드를 발매하였지요. 이것을 레코드 최대 소비 계층인 기생들을 통해서 일반에게 유행시키는 방법도 사용했어요. 그리고 유성기의 지대한 역할에 힘입어 일반 대중들에게는 애창곡의 일대 변화를 불러온 것이지요. 내가 처음 레코드를 취입했던 것도 바로 이 무렵이었습니다. 콜럼비아 레코드 회사의 요청으로 신인 가수로서는 이례적으로 무려 10곡의 노래를 취입하였습니다. 민요조 유행가를 부르는 가수 중에서 내가 첫 번째 권번 출신 기생이라는 기록도 세웠지요. 이후 평양의 기성권번 출신 레코드 인기 가수가 쏟아져 나오게 되었습니다. 기생학교 후배들이었던 〈꽃을 잡고〉의 선우일선, 〈애상곡〉의 김복희와 그리고 최명주, 최연연, 김연월, 이은파, 한정옥 등이 머리에 스쳐 갑니다.

여하튼 어렵지만 운 좋게 만들어진 나의 가수생활은 시작되었습니다. 비록 시대가 시대인지라 내내 서럽고 슬픈 노래를 부르는 날들이 많았지만 내 가슴 속은 늘 밝고 명랑한 정서가 가득한 민요로 차고도 넘치고만 있었습니다.

뜻이 있는 곳에 길이 있다던가요. 일본 도쿄나 오사카에서 취입을 위한 녹음실이 있기에 갈 때마다 한 10여 곡 이상을 녹음한답니다. 앞면 A와 뒷면 B로 나누어 한 장짜리 음반이 당시 음반이었지요. 한 곡의 녹음 시간이 3분 20여 초 정도였기에 상황에 따라 늘리거나 줄이거나 즉흥적으로 하기도 했어요.

요즈음 인기 가수가 앨범을 만들면 수십 곡을 담고 있지만 한 가수가 그만한 분량을 채울 수 있는 노래는 거의 없었지요. 이 일을 기회로 하여 콜럼비아 레코드사와 폴리돌 레코드사 간에는 이른바 가수 쟁탈전이 일어났고요. 콜럼비아 레코드사에서 낸 음반이 히트를 치면서 콜럼비아 측에서는 나와 연속적인 전속계약을 준비하고 있었고 폴리돌 레코드사에서는 그보다 발 빠르게 문예원, 김영환 등을 보내어 계약을 맺어버렸으니 양 회사 간 재판까지 걸린 쟁탈전이 벌어지고 말았지요.

폴리돌 레코드 회사는 설립 후 처음으로 최고 매상고를 올렸고 왕수복의 이름은 레코드판과 더불어 전국의 방방곡곡에 널리 알려져 갔음은 물론입니다.

특히 4분의 3박자로 애절하게 흐르는 이 노래는 당대 여성들의 마음속에 서렸던 보편적인 비감을 나타냈다고 할 수 있습니다. 그 시기 망국의 설움 속에서도 생활은 있었고 남녀 간에 맺어지는 사랑도 있기 마련이지요. 그러나 우리 민족을 둘러싼 사회적 환경 탓에 송죽같이 맺어졌던 사랑도 눈물로 헤어져야만 하였으나, 〈칠석날〉이 1930년대 초에 널리 불린 것은 어쩔 수 없는 시대상의 반영이었답니다.

이 노래를 불러보노라면 칠석날에 떠나간 임을 안타까이 기다리는 섬마을 여인의 심정이 느껴집니다. 멀리 바닷가 저쪽에서 돌아오는 배가 행여나 임이 탄 배가 아닐까 하여 마음 졸이며 기다렸건만, 사공의 노랫소리만 들려올 뿐 떠나간 그 임은 소식이 없어 파도 소리에 쓸쓸한 마음을 달래보는 섬마을 여인의 심정을 소박하게 담았지요.

유난히 많았던 왕수복의 스캔들

하지만 내 노래가 물 흐르듯 그렇게 쉽게 흘러나오기만 한 것은 아니었습니다. 녹음이 있는 날이면 아침부터 식사량을 줄이고 냉수로 목을 축이고 긴장에서 오는 갈증에 남몰래 어쩔 줄 몰라 했습니다.

어쩌다 길을 가다가도 목소리를 잘 내게 하는 약, 즉 '미성약(美聲藥)'이라는 광고가 붙어있는 약국을 그냥 지나치는 법 없이 꼭 사먹어야 직성이 풀리곤 했지요. 그래도 막상 녹음 작업에 들어가면 처음의 단정했던 자세가 한두 곡이 지나는 사이 나도 모르게 차츰차츰 한쪽으로 기울어지면서 정신이 혼미해질 지경까지 이르게 됩니다. 그렇게 혼신의 힘을 다해 노래를 부른 후에도 녹음을 지켜보던 선생님의 눈치를 살피다가 이젠 마이크를 끌어안고 주저앉고 싶은 심정이 되어버리기가 십상이었지요.

레코드 취입과 더불어 나를 더 유명하게 만든 것은 무대 출연이었습니다. 한번은 이런 일이 있었지요.

그날도 공연을 마치고 극장 문을 나설 때이었습니다. 한 무리의 사람들이 나를 빙 둘러서서 길을 막는 것이었습니다. 쉽게 생각이 들기로는 노래 잘하기로 소문난 명가수 얼굴을 가까이서나 한번 보자는 것이었겠지요. 세간에는 내가 노래는 잘하지만 얼굴은 실제로 보면 '곰보'로 얽은 얼굴이라는 소문도 있었으니까요. 아마도 진짜 곰보인지 아닌지 확인해 보려는 사람들인 듯했습니다. 그럴 때면 나는 이렇게 말하곤 했습니다.

"아니 왜 길을 막아요? 호호호, 제가 곰보인가 해서요? 자 어서 가까이 나와서 자세히 보세요. 내가 곰보인가 아닌가를 …."

그러자 나의 얼굴을 자세히 보던 중년 부인은 '실례하겠습니다' 하며 얼굴을 손으로 쓸어보기까지 하고는 '아이구머니나! 내가 헛소문을 듣고 속았댔구나!'고 말하며 돌아섰습니다. 이쯤 되면 모여 섰던 사람들 속에서는 폭소가 터져 나오곤 했지요.

이외에도 나는 나 자신과 내 주변을 깎아내리는 어떤 헛소문에도 화를 내거나 하지 않았습니다. 물론 나도 사람인지라 화가 나지 않는 것이 아니고 억울하지 않은 것이 아니었지만 스타라는 자리는 나를 더욱 여유 있고 아량 넓은 낙천적인 여자로 눌러 앉히곤 했습니다. 그래서 스타의 길은 외롭고 고통이 따른다고들 하는 모양입니다.

나의 인기는 가는 곳마다 여러 화제를 불러일으켰습니다. 능숙한 사교가처럼 평양에서 서울을 오갈 때마다 화려한 조명을 받곤 하였습니다

진정한 10대 인기가수의 여왕이 되다

당시 가요에 대한 일제의 탄압 때문에 이 시기는 검열의 관문을 통과하기 위한 유일하게 무난한 통로가 연정가요였습니다. 1930년대 초에는 연정가요들이 음단을 풍미하였지만 그것들은 연정가요가 아니라 망국의 설움과 수난의 역사가 투영된 일종의 비가(悲歌)들이었지요.

"칠석날 떠나던 배 소식 없더니…" 이렇게 시작하는 노래가 〈고도의 정한〉입니다. 견우, 직녀 그들이 서로 헤어지고 만나지 못하는 것을 우리나라 잃은 민족의 슬픔으로 비유한, 우리들의 '애환'의 삶을 이끌어내는 노래입니다. 내가 이 노래로 유명해졌습니다.

1938년 일본 만국박람회에 출연했던 왕수복의 노르모산 광고사진

사실 일본 노래 「섬아가씨[島の娘]」를 참조하였습니다. 이 노래는 1933년 8월에 작사자는 나카타 미키히코, 작곡자는 사사키 슌이치, 가수는 고우타 가쓰타로가 부른 히트곡입니다. 그 후에 가쓰타로가 부르고 영화화되면서 대단한 인기를 끌었지요.

1935년에는 『삼천리』 잡지가 주최한 여가수 인기투표에서 최고점을 얻어 장안의 인기를 한눈에 확인할 수 있었지요. 그건 요새 연말에 '10대 가수'를 뽑아놓는 그런 것인데 남녀 가수 각각 5명씩 팬들의 투표로 선정되는 것이었습니다. 그런데 그런 '10대 가수' 중에서도 남녀 가수를 통틀어 전체 1위는 바로 나였으니 지금의 '10대 가수 여왕' 정도로 봐야 하지 않을까요?

왜냐하면 남자 가수 입선 5명의 총 투표 매수 5,888표였지만, 여자 가수 입선 5명의 총 투표 매수 4,243표였지요. 그렇지만 남자 가수 제1위인 채규엽의 투표 매수 1,844표보다 나는 59표가 많은 1,903표로 진정한 1위였어요.

그 무렵 젊은이들이 모이는 자리에는 어김없이 인기가수 투표 이야기가 나왔고 사회적으로도 알 만한 하이칼라 신사가 모인 자리에도 나의 이야기는 화제가 되곤 했답니다. 덕분에 레코드 회사에서도 내 레코드판이 불타나게 팔려 나갔음은 말할 나위도 없겠지요.

나는 월 800원 이상의 고수익을 올리는 인기가수임이 분명했습니다. 당시 인기가수의 특별출연은 회당 15원이었고 일일 1회 공연에 10원, 2회 공연일 때는 회당 출연료가 5원을 받았던 것을 따져보면 내 수입은 그야말로 대단한 수준이었지요.

그 외에도 나의 주요 수입원은 대략 전속료, 레코드 취입료, 지방 연주 수당, 광고 출연 등이었는데 이렇듯 활동하는 분야가 넓어지다

기생 왕수복의 음반 광고 폴리돌 레코드사,
『동아일보』 1933년 10월 2일

인기가수 왕수복의
전성기 때 공연 모습

유진오의 『이혼』(1939년 2월 『문장』제1집)에 등장하는 여주인공은 노천명이었고, 남주인공은 김광진이다. 여기에 삼각 관계로 왕수복이 등장한다.

김광진과 연인이었던
노천명 시인

왕수복의 남편
김광진의 사진

보니 하루 일정이 바쁘고 잠이 부족할 수밖에 없었습니다. 그래서 잡지사의 기자들이 나를 한번 만나려면 내가 빼곡한 하루 일정을 다 마치고 잠에서 깨어나는 시간인 한낮 열두 시를 넘겨야만 가능하였습니다. 하지만 서울에서 달려온 기자들이 두말없이 기다릴 수밖에 없는 것이 당연할 만큼, 나는 화려하고 당당하고 똑똑할뿐더러 탁월한 노래 실력까지 갖춘 시대의 스타였습니다. 세인들이 뭐라 하든 나는 시대를 잘 만난 영리하고 재능 있는 가수이고 또 기생이기도 하였습니다.

1937년 폴리돌 레코드 회사를 퇴사하고 나는 꿈에도 그리던 도쿄 유학길을 선택하게 되었습니다.

중앙아시아 타슈켄트에서 두 번째 전성기를 맞이하다

가수의 전성기는 평생 한 번 오기도 어려운데 나는 두 번씩이나 왔답니다. 참 운이 좋은 편입니다. 휴전이 된 해부터 북한 중앙 라디오 방송 전속 가수가 되었지요. 그 덕분에 북한 '경축 예술단'으로 참가하여 당시 소비에트연방 각지를 다니면서 공연을 했어요. 특히 우즈베키스탄 타슈켄트와 카자흐스탄 알마티 공연은 나를 조선 가요의 여신(女神)으로까지 일컬었답니다. 민족의 아픔을 간직한 소비에트연방의 우리 민족, 고려인들은 우리말을 잊어버려도 우리의 정서와 감정을 그대로 간직하고 있었어요. 그때 불렀던 〈봄맞이 아리랑〉은 추야월의 작사와 이면상의 작곡으로, 그 곡의 선율이 지금도 떠오르곤 합니다.

당시 소련으로 파견할 예술단은 모두 18명을 선발했는데, 가야금 명인 정남희, 유은경, 최승희의 딸 안성희, 그리고 나 왕수복이 포함되어 있었습니다. 예술단은 모스크바, 상트페테르부르크, 타슈켄트, 알마티, 노보시비르스크시에서 경축 공연을 열었습니다. 8월 10일부터 시작된 한 달 동안의 순회공연 기간 동안 단원들은 한 가족처럼 가까

1955년 해방 10주년 경축 순회공연 중 레닌그라드 기념 촬영한 북한 예술단원
(맨 오른쪽 왕수복)

워졌습니다.

　특히 단원들은 나의 말솜씨를 좋아했는데 그들은 내 이야기가 마치 노래 같아서 때로는 처량하게, 또는 우울하게 그리고 때로는 쾌활하게 흐르는 노랫소리 같다고들 이야기하곤 하였습니다. 하지만 내가 새처럼 재잘대는 동안 마냥 편한 마음이 될 수 있었던 것은 아니었습니다. 사실 당시의 러시아 사람들은 조선 민요를 받아들이기에는 무리가 없지 않았습니다.

　아무리 내가 화려하게 〈꽃 타령〉, 〈울산 타령〉, 〈봄맞이 아리랑〉을 뽑아내어도 그들은 도무지 나의 레퍼토리에 반응이 없었으니까요. 그런 일이 있고 나서 1955년 8월 20일, 타슈켄트에서 가장 큰 '나보이' 오페라 극장에서 조선 예술단을 환영하는 우즈베키스탄공화국 정부의 환영 대회가 있었습니다. 그 대회에는 정부의 고위급 지도자들이 전원 참석한 각별한 자리였습니다.

공식 환영 예식이 있은 다음 조선 예술단과 우즈베크 예술인들의 합동 공연이 관객들의 절찬 속에서 성대히 진행되었습니다. 이 대회에는 우즈베키스탄에 거주하는 조선인들도 다수 동참하였었지요. 이 공연에서 비로소 나는 뜨거운 박수갈채를 받았고 앙코르 요청도 여러 번 받았었지요.

8월 21일에는 타슈켄트 시대 음악실에서 공연이 있었습니다. 이곳에서는 조선 사람들로 만원을 이루어 표가 없어 장내에 입장할 수 없는 조선인들만 해도 천여 명에 달하였다고 합니다. 그래서 주최 측은 공연장 밖에 확성기를 걸고 입장하지 못한 관객들을 위한 배려를 보여주기도 하였답니다. 역시 조선 사람의 노래는 조선 사람에게 가장 매력적인가 봅니다.

막이 열리고 18명의 예술인이 무대에 모습을 드러내자 장내에서 터져 나왔던 그칠 줄 모르던 박수와 환호를 나는 지금도 잊을 수 없습니다. 이 공연에서 나는 조선 민요, 조선 가요의 여신 대접을 받았고 미련 없이 박수와 환호를 독점할 수 있었습니다. 무대에 서 보지 않은 사람은 느낄 수 없을 것입니다. 박수갈채와 환호 속에서 내가 얼마나 더 아름다워질 수 있는지, 또 나의 미소가 마법처럼 관중들의 마음속에 따뜻하게 스며드는 것 같은 그런 기분을.

한번은 이런 적도 있었습니다. 여러 번 앙코르 요청을 받고 무대에 다시 모습을 나타냈을 때 한 관객이 꽃다발을 들고 무대에 올라와서 내 앞에 엎드려 절을 하면서 손수건으로 눈물을 닦는 것이었습니다. 그때 천여 명의 관중들이 함께 일어서서 박수와 환호가 다시 쏟아져 나왔습니다. 그것이 바로 내 인생에서 최고 표창이며 월게관이었습니다.

알마티에서의 공연도 역시 나의 세상이었습니다. 노보시비르스크에서의 공연은 모스크바나 레닌그라드와 별반 다를 게 없었지만 나의 기분은 타슈켄트나 알마티에서 받았던 감명에서 아직 깨어나지 못하고 있었습니다. 덕분에 공연의 마지막까지 우리 일행은 즐거운 기분을 가지고 돌아갈 수 있었습니다.

북한의 민요가수로 공훈 배우가 되다

귀국한 후로는 북한 중앙 TV에서 가장 유명한 민요 가수로 알려졌답니다. 1955년 10월에 국립교향악단 가수로 그날 공연에서 우리 민족의 생활감정이 풍만하게 담겨져 있는 민요 〈긴아리랑〉을 불렀습니다. 몇 년 지난 후에는 공훈배우가 되었지요.

북한은 한국전쟁 직후인 1954년부터 조선작곡가동맹 중앙위원회가 나서서 일제 때 나온 유성기 음반과 생존한 민요 소리꾼들을 찾아내 이들의 소리를 채보, 채록하는 작업을 진행하였습니다. 젊은 민요 가수들이 부른 전통 민요도 포함되었지요. 나를 비롯하여 선우일선, 홍탄실, 계춘이, 신우선, 김순희, 김정화, 장종철 등이 부른 민요가 그것입니다. 각 지역의 전통적인 민요 창법을 따르지 않고 서양식에 가까운 창법을 구사하였답니다.

〈조선팔경가〉는 원래 선우일선이 부른 노래이지만, 이제는 내가 그것을 북녘에서 부르고 있습니다. 남녘에서는 같은 노래가 황금심의 〈대한팔경〉으로 알려져 있었습니다. 원래 〈조선팔경가〉는 1936년 JODK 경성방송국에서 당시 조선 전역을 대상으로 경치가 빼어난 경승지를 추천받아서, 그중에서 청취자들이 추천한 명소 가운데 여

쏘련 방문 조선 민주주의 인민 공화국 예술인 대표단의 알마-아따 체류

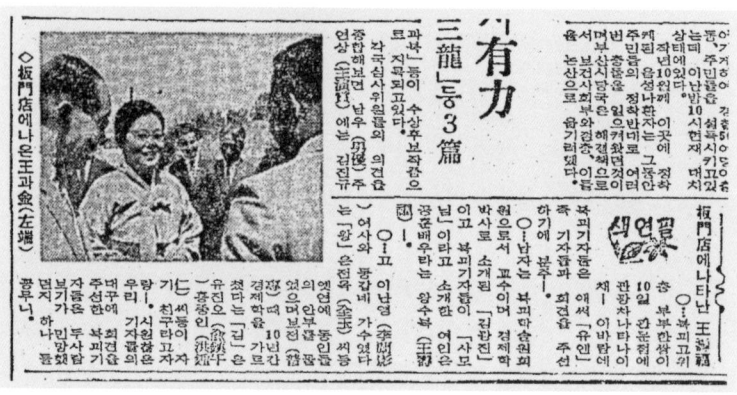

왕수복의 『조선일보』 색연필 기사, 판문점에 나타난 왕수복(1965년 5월 11일)

덟 곳을 택해서 노래를 만들었다고 합니다. (1) 금강산 일만이천봉 (2) 한라산 높은 구름 (3) 석굴암 아침해돋이 (4) 해운대 저녁 달 (5) 부전고원(함경남도), '여름의 낙원' (6) 평양(모란봉, 을밀대), '청춘의 왕국' (7) 백두산 천지 (8) 압록강 여울 등으로 이렇게 해서 탄생된 노래가 〈조선팔경가〉입니다. 당시 폴리돌 레코드의 문예부장 왕평(王平, 1908~1940)이 여덟 곳을 모두 등장시키는 4절의 노랫말을 다듬고, 형

석기(邢奭基, 1911~1994)가 작곡한 노래입니다. 이 노래는 1936년 만들어진 이래, 남과 북에서 모두 꾸준히 불리는 신민요입니다. 북녘에서는 제목은 그대로 두었지만, 남녘의 명승지를 모두 제외하고, 오직 북녘의 명승지만으로 가사를 교체했습니다. 반면에, 남녘에서는 노래 제목을 바꾸고 북쪽의 명승지가 들어간 2절 이후를 삭제했답니다. 그 밖에 〈능수버들〉은 내가 북한에서 자주 불렀던 민요로 가장 좋아하는 노래이기도 합니다.

나이 80세, '왕수복민요독창회'를 가지다

국내 언론에 우연찮게 제가 공개됩니다. 바로 1965년 5월 10일 판문점을 관광하던 왕수복·김광진 부부가 유엔 측 언론에 사진 촬영과 대화 내용이 소개되었습니다. 「판문점에 나타난 왕수복」이라는 제목으로 조선일보의 「색연필」에 게재되었답니다.

> "북괴 고위층 부부 한 쌍이 10일 판문점에 관광차 나타났는데, 남자는 북괴 학습원회원으로서 교수이며 경제학 박사로 소개된 '김광진'이고 북괴 기자들이 '사모님'이라고 소개한 여인은 공훈배우라는 왕수복이었다. 이난영 여사와 동갑네 가수였다는 '왕'은 전옥 씨 등 옛 연예 동인들의 안부를 물었으며 보성전문학교 때 10년간 경제학을 가르쳤다는 '김'은 유진오, 홍종인 씨 등이 자기 친구라고 자랑했다."

북한 평양에서 1997년 6월 왕수복의 〈뻐국새〉 민요독창회의 실황 모습 사진

　북한에서의 음악계는 집단 체제 창작을 중심으로 삼아 개인적인 창작으로 독창회를 여는 것은 큰 영광일뿐더러 아주 드문 경우입니다. 사회주의 사회에서 독창회를 열어준 것만이라도 최고의 영광이고 체제 선전의 최대한 홍보를 기대할 수 있다고 여긴 모양입니다. 그 덕분에 1970년대 이후 민요 가수 활동을 거의 하지 못한 것을 보상받은 셈이 되었지요.

　일반적으로 독창회는 가수가 활동하는 전성기에 갖기 마련인데 팔십 고령의 노가수가 2대, 3대 제자들과 함께 출연하는 이례적인 독창회였습니다. 사람들이 흔히 말하는 인생의 황혼기는 어김없이 찾아왔지만 두고두고 내 생에 이어지는 듯한 노래에 대한 대중의 사랑은 행운아로 느껴지게 하기에 충분하였습니다. 이처럼 나이 팔십에 민요 독창회를 열어, 거의 증손녀 정도나 되는 소녀 민요가수와 함께 공연한 것은 더욱 괄목할 만한 일이지요.

　북한에서는 2000년대 들어 '민족수난의 노래' 또는 '계몽기 가요'

라는 명칭으로 〈낙화유수〉, 〈타향살이〉, 〈홍도야 울지 마라〉 등 신민요, 유행가 등 해방 이전의 흘러간 옛 노래 모음집을 발간한 바 있습니다. 물론 나의 노래가 빠질 수 없지요.

가수가 자기 활동의 전성기에 가지는 것이 보통인데 나의 독창회는 출연자가 팔십 고령의 노가수이고 또 그의 제2대, 3대 제자들이 함께 출연한 관례를 벗어난 특색 있는 독창회였습니다. 지금도 잊을 수 없는 첫 곡 〈룡강 기나리〉는 제자들과 함께 불렀었고 이어 독창으로 〈어화 우리 농민들아〉, 〈매화타령〉, 〈꼴망태〉, 〈뻐꾹새〉 등을 불렀었지요. 세월이 흐르고 내 머리에 백발은 내렸지만 나는 스스로 세월을 잊으며 노래를 불렀습니다. 혹시라도 중간에 가사를 잊어버리지나 않을까 염려하지 않은 것도 아니었지요.

하지만 내 노래에 내가 젖고, 나를 바라보던 관객들도 흥에 젖어 나는 거뜬히 넘길 수 있었습니다. 나의 독창회에서 특별하게 객석의 관심을 모은 것은 11살짜리 꼬마 민요가수 최신애이었습니다. 세상에 근심 없는 얼굴과 고운 목청으로 민요 〈도라지〉를 한껏 뽑아낸 최신애는 내 마음마저 편안하게 해주었습니다.

내 나이 86세를 일기로 사랑하는 내 노래와 함께 내 한 몸은 2004년 북한 애국열사릉에 묻히게 되었습니다. 하지만 쟁쟁하던 내 노랫소리만은 묻을 수 없었을 겁니다.[9]

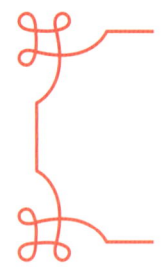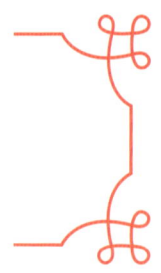

꽃을 잡고, 기생

선우일선

[鮮于一扇, 1918~1990]

<꽃을 잡고>를 대히트로 대중인기 가수가 된 선우일선

평양 출신으로 「사(死)의 찬미」의 윤심덕 이래 조선에서 손꼽히는 슬픔의 가수로 기생 선우일선을 들 수 있다.

꽃을 잡고

하늘하늘 봄바람에 꽃이 피면
다시 못 잊을 지난 그 옛날.
지난 세월 구름이라 잊자 해도
잊을 길 없는 서러운 이내 맘.
꽃을 들고 놀던 것이 어제련만
그 님은 가고 나만 외로이.
생각할수록 마음이 서럽지 않으랴
울지 않을 수 없어 꽃을 잡노라.

이 노래는 당대 유명한 시인 안서 김억이 가사를 짓고 도쿄 유학파인 유명한 작곡가 이면상이 곡을 붙인 것으로 기생 선우일선을 위해 만들었다고 알려진 곡이다. 끊어질 듯 이어지는 선우일선의 애달픈 노랫가락은 전국을 흐르면서 세인에게 '인생'을 돌아보게 하는 끈이 되었다.

〈꽃을 잡고〉의 유성기 음반 가사집

이 〈꽃을 잡고〉라는 노래의 인기는 대단하였다. 이 노래가 서울 장안을 비롯하여 서대문을 열고 평양, 선천, 의주로 흐르고, 동대문을 열고 원산, 청진으로 흐르고, 남대문을 열고 대구, 경주, 부산으로 흘러 온 삼천리가 이 노랫가락에 잠길 때 길 가던 석양의 지나가는 행인도 발길을 멈추고 제 신세를 한번 돌아보았고, 여염집 부녀자도 빨랫방망이를 놓고 '인생'을 한번 생각하여 보았다고 한다. 당시 그녀의 목소리는 그렇게도 남의 얼었던 혈맥을 노곤하게 풀어 놓았고, 남의 잊었던 가슴의 바다에 돌을 던졌다는 표현을 들었다.

명문가의 후손, 선우일선

이 외에도 그녀가 불러 호평을 받은 노래는 여러 곡이었으며, 어두운 시대에 웃음의 꽃을 피웠다는 평가를 받기도 하였다. 그런 그녀에게도 양말공장 여공으로 눈물 속에 보낸 세월이 있었다. 그렇게 인생

기생 선우일선 사진

의 힘든 시기를 겪어낸 그녀이기에 사람들의 마음에 스며드는 노래를 부를 수도 있었을 것이다.

선우일선은 평안도 대동군 부산면 수상리 출신으로 조선 중기 유학자 돈암(遯庵) 선우협(鮮于浹)의 후손이다. 오빠가 18세에 죽자, 아들을 잃은 부친은 술로 세월을 보내다 집안이 파산하고 만다. 부친은 그런 뒤 그만 정처 없이 종적을 감추었으니 그때가 선우일선의 나이 일곱 살이었다.

강동(江東)에 있는 외갓집에서 키워지다 외가 식구들이 평양으로 이사하면서 따라오게 된다. 그녀의 언니는 강서(江西)로 시집을 가고 남은 세 식구는 살길이 막연하여 모친은 남의 집 빨래와 바느질로 아침부터 저녁까지 일하고, 그녀는 양말공장에서 양말 목실도 풀고, 장갑도 만들면서 어려운 시절을 보내게 된다.

12세 무렵 그녀는 기생 이화선(李花仙)의 할머니 회갑 잔치를 구경하게 되는데, 그곳에서 많은 기생들이 춤추고 노래 부르는 모습에 마음이 끌리게 된다. 이를 계기로 돈 잘 버는 기생이 되어 어머님을 공양하겠다고 결심하고 어머니에게 기생이 되겠다고 애원하게 된다.

어느 어머니가 딸의 앞길을 그렇게 열어주고 싶었을까. 당시 어머니는 노하시면서 그런 말은 입 밖에도 내지 말라고 하였지만 딸이 여러 번 청하고 떼를 쓰니 어려운 생활난을 돌아보며 어쩔 수 없이 허락하고 만다. 그러나 기생 되기가 말처럼 간단하고 쉬운 일은 아니었다. 소학교 졸업도 못한 그녀는 낮에는 일하고 밤에는 야학을 다니어 나이 13세에 가까스로 기생학교에 입학하게 된다.

평양 기성권번의 기생학교를 졸업하다

16세에 기생학교를 졸업하고 기생이 되어 17세부터는 노래 잘 부르는 가수라는 명성을 듣기 시작한다. 그래서 처음부터 '폴리돌' 레코드사에서 19세에 취입한 음반 7장으로 당시 조선의 최고 인기가수 대열에 오른다. 조선 사회에서는 슬픔의 가수로 선우일선을 첫손가락에 꼽았다. 그녀의 노래를 듣고 눈물을 흘리며, 어떻게 이다지도 수많은 애달픈 심정을 잘 표현하여 주었는지 찬사를 아끼지 않았던 이들이 바로 그녀의 열혈 팬들이었던 것이다.

1935년 그녀는 잡지 『삼천리』의 인터뷰에서 "기생이 아니 되고 레코드 가수만 되었더라면 좋았을 터인데. 기생 생활이란 지긋지긋합니다. 그렇다고 가수 생활도 그렇게 좋아하는 것도 아니지요. 이런 직업을 다 버리고 그저 어머니 모시고 조용히 살 수 있다면…. 막상 기생의 몸으로 손님을 대하고 보니 손님을 원망하는 것은 아니나, 한편은

평양 기생학교의 학생과 건물 사진

손님이고 이쪽은 상품 모양으로 노래와 춤을 파는 팔린 몸이 되다 보니까 저편 분들은 제 자유까지 합하여 가진 듯싶고 이편은 그 반대로 아주 무능자(無能者)가 된 듯한 느낌이 있습니다. 어떤 때는 욕하고 주정을 부리며 옷을 더럽혀 놓을 때는 참말 삼복 철에 '호미'를 쥐고 조밭고랑에 앉아 흘리는 비지땀보다 더한 진땀이 바짝바짝 나옵디다."고 하면서 힘든 기생 생활을 솔직하게 이야기한다. 더불어 남편이 될 만한 이상적 조건으로 "어머님을 모셔 줄 양반에, 성질은 유순한 이가 좋고 직업은 월급쟁이, 나이는 27, 8세 정도, 시동생이 없고 독신자가 좋아요."라고 밝게 이야기하기도 하였다.

폴리돌 레코드사, 신민요 가수 선우일선

그 후 폴리돌 레코드사에 취입한 대표적인 유행가는 〈꽃피는 상해〉,

〈믿을 곳 없어라〉, 〈포구에 우는 불새〉, 〈춘향전〉, 〈청춘 도져요〉 등이 있다.

선우일선은 유행가보다 오히려 신민요를 더 많이 취입하였다. 그녀가 폴리돌 레코드사에 취입한 신민요만 하더라도 30여 곡이 넘는 것이 그 사실을 잘 보여주고 있다. 1935년 3월 28일 경성방송국(JODK) 라디오에 출연, 일본 전역에 중계 방송되기도 하였다. 당시 부른 노래가 〈꽃을 잡고〉, 〈무정세월〉, 〈숲 사이 물방아〉, 〈원포귀범〉, 〈그리운 아리랑〉, 〈남포의 추억〉 등의 6곡이었다. 이처럼 그녀는 폴리돌에서 많은 신민요를 히트시켜 폴리돌을 '민요의 왕국'이라 부르게 만든 공로자였으며 1939년에 태평 레코드로 옮겼다.

1945년 광복 후에도 많은 노래들을 불렀으며 한국전쟁 이후에는 평양에 남아 북한의 대학에서 교편을 잡고 후진 양성에 심혈을 기울였다고 한다. 인생의 황혼기에 이르러서는 민요 연구 사업에 전념하다가 1990년에 사망했다.

그 후 1999년 북한 음악가동맹 중앙위원회에서 흘러간 옛 노래에 대한 '작가 도용문제'를 제기하였는데, 선우일선의 노래도 저작권 보상을 한국음반저작권협회에 요구한 기록으로 보면 북한의 활동을 확인할 수 있다.[10]

02

운명적인 사랑을 하다

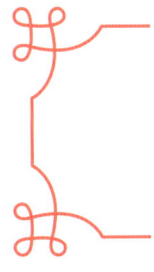 

지독한 사랑의 전설, 기생
강명화
[康明花, 1900~1923]

'수심가'를 뛰어나게 불렀던 기생 강명화

당시 기생들에게 단순히 소원이 있다고 한다면 그것은 돈 많은 귀공자를 만나 한 시절이라도 그와 함께 인생을 즐겨보는 것이었다. 대부분의 기생이 그것을 꿈꾸었지만 정작 극한 상황에 이르러서는 꿋꿋하게 그 사랑을 지켜낼 용기를 내는 경우가 드물었다. 그런데 강명화는 조금 달랐다.

강명화는 평양 출신으로 11세에 기생이 되었고, 17세에 상경하여 대정권번에 들어갔다. 특기는 서도잡가와 시조였으며, 대정권번 내에서도 교제 방법이 능란하고 성질이 유순하였다고 기록이 전한다.

당시 서울 장안에서 웬만한 풍류객치고 평양기생 강명화의 이름을 모르는 이는 없었다. 어글어글한 두 눈, 불붙는 듯한 진홍빛 입술, 빗어놓은 듯

평양 기생학교 전경

평양 기생학교 정문

상큼한 코, 게다가 소리 잘하고 춤 잘 추고, 더구나 그녀의 마음속 가득한 근심을 노래로 승화시킨 〈수심가〉와 〈배따라기〉 한 곡조는 평양기생 3백 명 중 단연 으뜸이었다.

　강명화를 한번 보기 위해 애를 태우던 숱한 남성들 중에는 2~3만 원 하는 거금을 언제든 내던질 수 있는 부자들도 있었고, 회사의 사장이라는 지위와 명예를 지니고 있는 이들도 많았다. 하지만 그녀는 비록 몸은 기적(妓籍)에 두었으되, 사랑하는 이를 만나기 전에는 절개를 지키기로 맹세한 바 있었다. 이 소문이 알려지자 그녀의 사랑을 구하려는 남성들이 꽃을 탐하는 벌 떼처럼 더욱 늘어만 갔다고 한다. 한편, 오만하고 독한 계집이라는 모진 소리를 감수하며 모든 구애자를 물리쳐 오다가, 마침내 만난 운명의 사랑이 바로 경상도 대구의 대부호 장길상의 아들이었던 병천이었다.

대구 부호의 아들, 장병천과 사랑

　그녀는 '돈보다 사랑, 목숨보다 사랑'이라는 'Love is best'를 인생의 슬로건으로 내걸고 대담하게 자신의 사랑을 실천한 당시 최초의 여성이었다. 하지만 연약한 일개 기생이 시류를 거스르기에는 많이 벅찼던 것일까. 귀공자였던 장병천과 사랑에 빠지고 도쿄로 사랑이 도피행을 선택하기도 하였지만, 집안의 극심한 반대를 이겨내기에는 역부족이었다.

　또 당시 여자의 몸으로 단발을 하고 손가락을 잘랐다 하여 세간의 이목을 놀라게 한 사건도 있었다. 단발과 단지(斷指) 같은 독한 행위를 감행한 동기도 역시 연인 장병천을 위한 것으로, 장병천이 기생의 몸인 자기의 신용을 믿지 않을까 의심하여 삼단 같은 머리채도 아낌없이 잘라버리고, 병천의 목숨을 살리기 위해서라면 손가락 하나쯤 잘라내도 아깝지 않았던 것이다.

부자치고 인색하지 않은 이가 드물다지만 그 시절의 장길상은 사회에 학교, 도서관 하나 기부한 일이 없을 뿐 아니라 제 자식에게 용돈조차 제대로 주지 않는 구두쇠였다. 더구나 아들이 기생과 살림을 차렸다는 소문이 들리자 심지어는 아들을 집 안에 가두고 외출을 금하기까지 하였다.

강명화의 소원은 20대의 한창나이인 장병천을 공부시키는 것이었고, 그것을 실천하기 위해 금비녀와 은가락지를 판 돈 300원으로 도쿄 유학길에 오르게 되었다.

둘은 도쿄 아사쿠사(淺草)에 있는 집을 빌려 자취하면서 장병천은 대학의 예비과를 다니고, 그녀는 도쿄 우에노(上野) 음악학교에 입학하기 위해 영어를 배우기로 하였다. 그러는 동안 아버지 장길상으로부터 처음 몇 달은 매달 30원씩 학비가 왔으나, 기생과 함께 있다는 소문이 들리자 그때부터는 그마저도 중단하여 백만장자의 외아들은 결국 만리타향에서 밥 한 공기 얻어먹기도 힘들어지고 말았다. 그래도 강명화는 좌절하지 않았다. 서울 전동에 있는 자신의 어머니에게 어머니는 평양에 가 있고 그 집을 판 돈을 보내라 하여, 수중에 돈 몇백 원을 다시 얻을 수 있었다.

일본 도쿄로 함께 유학을 가다

하루는 도쿄의 조선인 유학생 여러 명이 장병천을 찾아왔다.

"우리는 모두 노동을 하면서 공부를 하는데 너는 백만장자의 아비를 둔 탓으로 기생첩 데리고 놀러 와 있단 말이냐. 너 같은 놈은 우리 유학생계의 치욕이다."

"그놈 밟아라, 그년 때려라." 하는 소리와 함께 마침내 큰 난투가 벌어질 참이었다. 바로 그때 그녀는 칼을 들어 제 손가락을 탁 잘라 선지피를 뚝뚝 흘리며 냉정히 말하였다.

"여러분 나는 떳떳한 장씨 문중의 사람이며, 우리도 고생하면서 여러분과 같이 학문을 닦는 중입니다."

그 추상 같은 언사와 붉은 피를 보자 학생들은 모두 도망하였다. 그러나 그 뒤 며칠이 지나고 다시 이번에는 심하게 제재하자는 공론이 비밀리에 유학생들 사이에 돌았다. 이를 눈치챈 두 사람은 그대로 있다가는 생명이 위태할 것을 알고, 야반도주하여 도쿄역에서 차를 타고 서울로 돌아오고 말았다. 그 사이 그녀는 행여나 병천의 부모 마음을 돌려볼 셈으로 홀몸으로 구중궁궐 같은 장길상 집에 뛰어들어도 보았지만 결국 쫓겨나곤 했었다.

이제는 지니고 있던 금은 패물도 모두 팔아 써버리고 집 한 칸 없이 지내면서 허울 좋은 백만장자의 외아들은 단돈 120원도 변통할 길이 없이 막막해지고 말았다. 매 끼니를 죽으로 때우면서라도 두 사람이 함께할 수도 있었지만, 다만 억울한 것은 두 사람의 진실한 사랑을 한때의 사랑 놀음으로 여기고 마는 병천의 부모와 야속한 세상이었다. 일이 여기서 그치고 말았다면 세상에 흔한 연애담의 한 대목에 지나

1920년대 기생 강명화 관련 신문기사 내용

지 않았을 것이다. 하지만 애인을 출세시키고 싶은 불같은 마음에 그녀의 가슴에 떠오르는 한 줄기 빛이 있었다.

'나만 없으면 그 사람은 부모의 사랑을 다시 받을 수 있고 그러면 넉넉한 가산으로 학문도 충분히 닦아 사회에 윗사람이 될 수 있으리라.'

'그러나 나만 없어지려면 어떻게 해야 할까. 소설에서처럼 아라비아 사막으로나 몰래 가 버릴까. 그렇지 않으면 일부러 딴 사람에게 정

이 있는 체하고 내가 미친년 절개 없는 년이 되어 버릴까.'

여러 날을 망설이고 괴로워하더니 아침마다 베개가 눈물에 젖었다. 젊은 병천의 장래를 막을 수도, 그렇다고 사랑하는 애인과 헤어질 수도 없었다.

온양온천에서의 마지막을 보낸 강명화

마침내 그녀는 몸이 아프니 함께 온양온천에 가서 며칠 쉬다가 오자고 병천을 졸랐다. 떠날 때 생전 처음으로 옷 한 벌과 구두 한 켤레를 사달라고 조르더니 병천이 사준 옷과 구두를 신고 서울을 떠났다.

그날 밤 온천의 조용한 방 속에서 일대 명기 강명화가 애인의 무릎을 베개 삼아 독약을 마신 채 누워 유언을 하게 된다.

"제가 죽었으니 이제는 부모님께 효성을 다하고, 다시 사회의 큰 인물이 되십시오."

독약을 마신 것을 안 장병천이 서둘러 의사를 불러왔지만, 이미 저 세상에 간 영혼을 다시 불러 올 수는 없었다. 결국 그녀의 최선의 선택은 죽음이었던 것이다.

며칠 뒤 서울시 구문 밖 수철리 공동묘지 한 모퉁이에는 애끊는 인생 23세를 일기로 한 많은 강명화의 여윈 몸이 묻혔고, 그 앞에는 언제까지 떠날 줄 모르고 엎드려 우는 그의 애인 장병천이 있었다.

자살한 후에 장씨 일가는 그를 만고의 열녀라 하여 그 시아버지 되는 장길상이 친척처럼 제례를 차려 시후의 외로운 혼을 위로하였다고 한다.

여류 평론가 나혜석은 장삿날 신문에 '강명화의 자살'이란 제목 아래 그녀의 애끓는 유언을 서두에 인용하며 이렇게 쓰고 있다.

'나는 결코 당신을 떠나선 살 수가 없는데 당신은 나와 살면 가족도 세상도 모두 당신을 외면합니다. 그러니 사랑을 위해 그리고 당신을 위해 내 한 목숨을 끊는 것이 옳을 것입니다.' 하였다 한다. 얼마나 번민과 고통을 쌓고 쌓아 견딜 수 없고 참을 수 없어 한 말인지 실로 눈물지으며 동정할 말이다.

나는 언제든지 '자유연애' 문제가 토론될 때는 조선 여자 중에 연애를 할 줄 안다 하면 기생밖에 없다고 말하여 왔다. 실로 여학생 세계는 너무 다른 사람에 대한 교제 경험이 없으므로, 다만 그 다른 사람 사이에 있어서는 의외의 본능으로만 아무 뜻 없이 다른 사람에게 접할 수 있으나, 오직 기생 세계에는 타인 교제의 충분한 경험으로 그 인물을 선택할 만한 판단의 힘이 있고, 여러 사람 가운데 오직 한 사람을 좋아할 만한 기회가 있으므로 여학생계의 사랑은 피동적, 일시적인 것과는 반대로 기생계의 사랑에 한해서는 자동적이요, 영구적일 것이다.

그러므로 조선의 여자로서 진정의 사랑을 할 줄 알고, 줄 줄 아는 자는 기생계를 제외하고는 없다고 말할 수 있는 것이다. 이 의미로 보아 장 씨의 인물이 어떠함은 물론하고 강 씨가 스스로 느끼는 처음 사랑을 깊이깊이, 장 씨에 대하여 느꼈을 줄 믿는다. 그럼에도 불구하고 그 경우가 애인과 동거하지 못할 처지에 있으나 동거하지 못할 수는 없겠다는 결심이 있다 하면 실로 난처한 문제이다.

이와 같이 비운에 견디지 못하고 연애의 철저를 구하기 위하여, 곧은 지조의 순일함을 보존하여 지키기 위해, 자기 정신의 조촐함을 발

딱지본 소설 『강명화의 죽음』 표지

표하기 위하여, 세태를 분노하기 위하여, 자살을 실행한 것이다. 그러나 동기는 어떠하든지 자기 생명을 끊는 것은 곧 자포자기의 행위이다. 생명의 존중과 그 생명 역량의 풍부를 스스로 깨달은 현재 사람이 취할 방법은 아니다. 어떻게든 살려고 들어야만 연애의 철저이며 지조의 일정이며 정신의 결백이 실현될 것이다.

그러나 그 며칠 후 장병천마저 먼저 간 명화의 영혼을 따라 자살하고 말았다. 차마 떠나지 못한 강낭화의 혼이 장병천이 오기를 기다려 하늘나라의 오리정(伍里程)에서 기다리고 있었는지도 모른다.

1927년 우영식이라는 가수에 의해 노래 〈강명화가〉가 음반으로 나오기도 하였다. 그 후 강명화에 대한 책이 출판되자, 일약 베스트셀러가 되었는데, 한편 장씨 집안에서는 책이 발간되자마자 모조리 사들

제1부 _ 그 시절의 잊히지 않는 그녀들 97

여 수거했다고 한다. 고약하게도 이를 이용하여 몇몇 연극기획자들은 대구에서 두 남녀의 이야기를 공연하겠다고 장씨 집안에 알리어 협박하였지만, 장길상은 눈 하나 꿈쩍하지 않았다고 한다.

하지만 불나비처럼 자신들의 몸을 던져 등불에 살라버린 그들의 사랑은 지금도 '백 년의 사랑', '천년의 사랑'이란 다른 이름으로 전해지고 있다.[11]

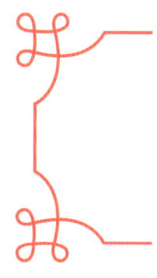 

동백꽃 같은 내 사랑, 기생

박녹주

[朴綠珠, 1906~1979]

여성 명창의 기생 박녹주

조선의 명기명창을 이야기할 때 박녹주를 빼놓을 수 없다. 그녀는 일찍이 이름 높던 송만갑의 수하에서 수십 년을 배웠으니 그녀의 명성을 우연이라고만은 할 수 없다.

박녹주는 경북 선산 출신으로 본명이 박명이(朴命伊)이고, 12세 때부터 박기홍에게 5년간 판소리를 배웠다.

서울에 올라와 송만갑으로부터는 〈적벽가〉를, 정정렬로부터는 〈춘향가〉를 배웠다. 서울에서 녀창으로 이름을 얻었으나 더욱 정진하여 김창환으로부터 〈흥보가〉 중 '제비노정기'를, 김정문으로부터 〈흥보가〉를, 유성준으로부터 〈수궁가〉 일부를 배웠다.

22세에 많은 판소리로 음반을 취입하여 그 명성이 전국으로 퍼졌

박록주의 20대

다. 1928년 콜럼비아 레코드사와 전속계약을 맺었고, 빅터 레코드사, 오케이 레코드사, 태평양 레코드사 등에서 많은 음반을 취입했다. 또 당시 춘향 역으로 인기가 높았다.

녹주의 노래는 창을 뽑아내다가 맺을 무렵에 가서 목이 둥글어지면서 실로 고운 목청이 울려나왔다고 한다. 남도창에 조금도 지지 않는 그녀의 굵고 우렁찬 목소리로 듣는 〈춘향가〉나 〈심청가〉가 기막혔다는 것은 말할 나위 없거니와 그중에서도 〈박타령〉의 「진양조」에 가서 "실근실근 당기어라 어이여로 톱질이야 여보소 마누라 이 박을 타거든 박속은 지져먹고 박쪽은 팔아다가 연일 굶어 누운 자식 구원하여 살려냅세. 어이여로 당기어라 시르렁시르렁 톱질이로구나" 하는 구절에 가서는 그 꺾어 넘기는 마디마디 실로 듣는 이의 감탄을 자아냈다고 한다.

김유정과의 엇나간 사랑, 박녹주

하지만 뭐니 뭐니 하여도 녹주의 소설 같은 연애사건을 빼놓을 수 없다. 24세에 소설 『봄봄』으로 유명한 천재 작가 김유정(金裕貞, 1908~1937)으로부터 소설 같은 일방적인 짝사랑을 받게 되었던 것이다.

1928년 봄 인사동 조선극장에서 '8도 명창대회'가 끝난 후 그녀에게 겉봉에 '박녹주 선생님'이라고 한글로 단정히 써 있는 편지를 보낸 이가 바로 김유정이었다.

"나는 조선극장서 선생이 소리하는 것을 보았습니다. 모든 사람의 인기를 끄는 것이 정말 기뻤습니다. 나는 당신을 연모합니다. 나는 22

살의 연전(延專) 학생이오. 고향은 강원도 춘천이고 어머니와 아버지는 돌아가시고 안 계시오. 형님과 누님이 있는데 나는 지금 누님 집에 있습니다. 주소는 바로 옆 동네인 봉익동이오."

녹주는 '연모'라는 말의 뜻을 한참 새겨본 뒤에 도로 편지를 부쳐 버렸다. 그런데 그다음 날 그 편지가 다시 돌아왔다. 이번에는 레코드 재킷에 찍혀 있던 그녀 얼굴 사진을 곁들여서 보내왔다. 당시 서울에는 굉장히 예쁜 '박녹주'라고 이름이 같은 화초기생과 혼동한 편지로 여겼던 녹주는 그 사진으로 해서 의심을 거두었다. 그때부터 김유정은 매일 한 통의 편지를 보내기 시작하였다.

'간혹 길가에서 나는 당신을 보았소…', '정말 밤에 본 당신은 아름답더이다…', '목욕을 하고 오는 자태는 정말 이쁘게 보였노라…', '나는 그 길가에서 얼마나 기다렸는지 모르오…'

이처럼 오는 편지를 대할 때마다 녹주는 동생뻘밖에 안 되는 학생이 연애를 한다는 괘씸한 생각이 들어, 북북 찢어 버렸다. 하지만 한편 어떻게 생겼는지 보고 싶어 가정부를 보내서 그를 오라고 했다.

그녀는 위엄을 보이기 위해서 보료 위에 장침을 괴고 앉아, 대학생복을 입고 훤칠한 키에 잘생긴 김유정을 맞았다.

"당신이 김유정이오?"

"그렇습니다."

"연모라는 말이 무슨 뜻이오?"

"당신을 사랑한다는 말이요."

"나는 소리하는 사람인데 학생과 어떻게 연애할 수 있는가."

"학생과 소리하는 사람이 사랑해서 안 된다는 규정이 어디에 있소. 사랑이란 국경이 없는 것이요."

"사랑한 뒤에는 어쩔 생각이냐?"

"결혼하는 겁니다."

"나는 남편 있는 몸이오."

"그것도 알고 있다. 그는 진짜 남편이 아니잖은가. 당신을 진정으로 사랑하는 것은 바로 나입니다."

"그것은 당신 혼자의 생각이고, 나로서는 사랑할 수 없소. 지금은 학생이니까 열심히 공부한 뒤 나중에 훌륭해지면 그때 사랑해 주겠소."

그러나 김유정은 막무가내로 사랑을 하면 공부를 더 잘할 수 있다고 우기면서, 액자에 붙어 있는 사진 한 장을 주면 가겠다고 버텼다. 그 당시는 사진을 준다는 것은 모든 것을 허락한다는 뜻이기에 녹주는 끝내 아무것도 주지 않고 쫓아 버렸다. 그다음 날에 녹주는 완전히 협박조로 바뀐 편지를 받게 되었다.

"당신이 무슨 상감이나 된 듯이 그렇게 고고한 척하는 거요. 보료 위에 버티고 앉아서 나를 마치 어린애 취급한 것을 생각하면… 그러나 나는 끝까지 당신을 사랑할 것이오. 당신이 이 사랑을 버린다면 내 손에 죽을 줄 아시오."

녹주를 부른 칭호도 '선생'에서 '당신'이라고 변했고, 나중에는 '너'라고 불렀다.

1928년 가을이 되면서 녹주는 김유정의 '혈서(血書)'를 받기 시작하였다. 추석날, 녹주는 김유정의 친구를 통해 양단 치마저고리 한 감을 보내왔지만, 거절하자 곧이어 편지와 함께 돌아왔다.

"내가 성의로 보내는 것을 당신이 받지 않는다면 정말 좋지 않을 것이오."

문투가 받지 않으면 무슨 일이든 벌이겠다는 식이어서 겁이 나서

녹주는 받아두었다.

　겨울이 되자 그의 편지는 비장(悲壯)해져 갔다.

　"나는 술로 밤을 새운다. 술을 먹으며 너를 생각한다. 지금쯤 너는 어느 요정에 가서 소리를 하고 있겠지. 이 추운 밤에 홀로 술을 드는 나를 생각해 보라. 사랑이란 것은 억지로 식어지는 것이 아니다. 뭣과도 바꿀 수 없다. 지금 이 순간도 너를 생각한다."

　녹주가 25살이 된 1929년의 설날에도 양단저고리, 조그마한 금반지, 가죽신, 털장갑을 그의 친구들 통해 가져왔다. 녹주가 거절하자, 김유정이 직접 다시 들고 왔다.

　"이걸 안 받으면 네가 더 불리할 거야. 알아서 해!"

　"당신이 무슨 돈이 있는데 그런 것을 사 오느냐."

　"너는 너무 건방져. 내가 정히 이런다면 나에게도 생각이 있어. 나는 자존심도 아무것도 없는 줄 알아?"

　"당신을 사랑한 일 없단 말이야!"

　이 말을 들은 김유정은 더 할 말이 없었던지 마루에 오랫동안 멍청히 앉아 있었다.

　녹주는 사실 이 무렵 그가 폐렴에 걸렸다는 소문을 듣고 있었다. 초라하게 앉아 있는 모습이 측은해 보이기도 했지만, 녹주는 바쁜 일을 핑계로 먼저 나가 버렸다. 그런 며칠 뒤부터 녹주는 원한이 서린 혈서를 받게 되었다.

　"… 엊저녁에는 네가 '천향원'으로 간 것을 보고 문 앞에서 기다렸으나 나오지 않았다. 만일 그때 너를 만났다면 나는 너를 죽였을 것이다. 그러나 좋아하지 마라. 단, 며칠 목숨이 연장될 따름이니까."

　그해 봄에 하루는 녹주가 인력거를 타고 돌아오는데 검은 그림자가 인력거를 향해 돌진해 왔다. 번쩍이는 뭔가를 손에 들고 있는 것을 본 녹주는 인력거꾼에게 재빠르게 앞으로 내달리라고 했지만, 김유정이 더 빨랐다.

"녹주, 오늘 밤은 너를 죽이지 않으마, 안심하고 내려라. 타인 앞에서 나를 더 욕되게 하지 마라."

할 수 없이 녹주가 인력거에서 내려보니, 김유정이 들고 있던 것은 하얀 몽둥이였다.

"너는 혹 내가 돈이 없는 학생이기 때문에 나를 피하는 거지? 똑바로 말해. 네가 돈이 필요하다면 임금님 밥상이라도 훔쳐다 주지."

녹주는 돈 때문에 피하는 게 아니라는 것을 설득하자, 김유정은 자신의 요구가 일방적이란 것을 깨닫고 한숨을 푹 쉬더니 그녀를 보내주었다. 그 뒤 녹주는 평소 알고 있는 경찰 간부에게 하소연을 했지만, 그런 경우 체포하더라도 4주 후면 석방이니 별 도움이 되지 않는다는 답변만 듣게 된다.

이후에 녹주와 김유정의 연애소동이 바로 이때를 기점으로 해서 장안에 요란히 퍼져갔다.

'네가 너무 괄시한다.', '그 사람이 장차 어떤 사람이 될지 어찌 알고 그리 푸대접하느냐.'

녹주는 심지어 김유정을 동정하는 어느 독지가가 모든 것을 댈 테니 하룻밤만이라도 그의 소원을 들어주라는 엉뚱한 요구를 받기도 했다. 녹주는 그런 말을 한 사람한테 호되게 뺨을 때려 분풀이를 했었다.

그 당시 녹주는 아버지의 노름을 대주어야 했기에 힘들 때였다. 결국 1929년 4월에 그만 자살을 시도하게 된다. 그러나 약을 먹은 지 한 시간도 안 되어, 집사람들에 의해 발견돼 의식을 회복하였다.

녹주가 눈을 뜨자 제일 먼저 보인 사람이 김유정이었다.

"학생은 어떻게 해서 왔소?"

"신문을 보고 왔지요."

"뭣 하러 왔소."

"장사 지내러 왔소."

"빨리 돌아가시오. 학생이 무슨 장례요."

박절하게 그를 돌려보내고 녹주는 잠도 잘 이루지 못했다. 녹주는 다시 원산의 삼방저수지로 휴양을 갔다가 서울로 돌아오자, 그다음 날 바로 김유정과 집 근처 '복향원(福香園)' 중국집서 만났다. 늑막염을 앓는다는 소문 때문인지 몹시 수척해 있었다.

"나와 줘서 고맙소. 정말 오랜만이요. 어딜 갔다 왔소?"

"지금은 좀 어떠시오."

"괜찮습니다."

"다행이오. 삼방의 약수가 좋다지요. 나는 아직 가보지 못했지만. 언젠가 한번 나도 가보고 싶소."

그러면서 결혼문제를 결정짓자고 잘라 말하지만, 녹주는 말을 완곡하게 그의 요구를 거절했다. 창백하던 그의 얼굴은 무섭게 일그러지더니 '도대체 네가 사람이냐?' 하고 외쳤다. 녹주는 아무 말도 하지 않았다. 한참 동안 침묵을 지키던 김유정은 '내가 너무 큰소리를 쳐서 미안해' 하면서 사과했다. 그것이 김유정과 마지막의 만남이었다.

8년 지난 후, 33세가 된 녹주는 김유정의 친구들로부터 '김유정은 바로 네가 죽였지' 하는 저주와 함께 그의 죽음 소식을 들었다. 그 후에 박녹주는 그의 연애편지 이야기를 하면서, 뭐라고 표현할 수 없는 후회감을 느끼기도 하였다고 한다.

하지만 박녹주에게 있어서도 예외 없이 예술과 사랑의 길은 절정에 이르러 힘들고 고통스러웠던 것일까. 훗날 녹주는 아편 흡연과 아편 소지 매매 등의 죄명으로 공판에 회부되어 철창에 탄식하는 명창이 되고 말았다.

여성국악동호회, 기생 박녹주

31세 때에는 1937년 '창극좌'에 입단하여 송만갑, 이동백, 오태석 등과 함께 창극운동에서 활약했던 바 있다.

1933년 '조선성악연구회' 결성에 참여하였고, 1936년 동양극장에서 창극 〈춘향전〉의 춘향 역을 맡았다. 1940년대 후반에 박녹주는 국악계가 남자들 편의 위주로 운영되는 것에 불만을 갖고 김소희, 박귀희 등을 이끌며 여성국악동호회를 결성하여 활동했다.

한국전쟁 발발 후에는 월북을 강요당하기도 했으며, 전쟁 통에 한쪽 눈을 실명하여 그 뒤로 검은 안경을 쓰고 다녔다고 한다. 한국전쟁 때 그녀는 오태석, 김세준, 박춘홍, 조농옥, 이용배 등 30여 명과 함께 방위대에 입대하여 군인들을 위해 위문공연을 하였다.

1945년에는 '여성국악동호회', '국극사' 등을 조직하여 초대 이사장으로 취임하였다. 특히 동편제 〈홍보가〉가 특기였는데, 그중에서도 〈제비노정기〉와 〈비단타령〉에 출중하였다.

1960년대에 이르러서는 판소리에 전념하였다. 1960년 〈홍보가〉 전바탕을 취입하였고, 1965년 중요무형문화재 제5호인 판소리 예능보유자로 지정되었다. 그 후 1970년 〈흥부가〉의 예능보유자로 변경, 지정되었다. 1972년 이후로는 판소리보존회 이사장으로 활약한 바 있었다. 그녀의 소리는 조상현·박초선·성창순·성우향 등이 이어받았다고 한다.[12]

박녹주(朴綠珠)가 잡지 『장한』에 쓴 "장한에 대하여" 글을 보면 다음과 같다.

"우리네도 이 사회에서 살아가자면 조직적으로 단합할 필요가 있습니다. 이 필요를 느낀 까닭으로 우리 기생 사회를 망라한 잡지가 비로소 고고의 소리를 외치게 되었습니다. 이 잡지야말로 우리의 생활과 의사와 설움과 기쁨을 거침없이 발표하는 마우스피스(mouthpiece)입니다. 우리의 사회적 환경은 너무도 처참합니다.

우리도 사람입니다. 눈물도 있고 피도 있고 감각이 있는 사람입니다. 그래서 우리도 사회적으로 똑같은 고락을 받겠다는 희망을 굳게 가지고 단결해야 하겠습니다. 이 의미 깊은 잡지 장한아! 우리의 살길을 열어 줄 장한아! 나는 이 장한에 대하여 무한한 경의를 표하며, 우리를 위하여 열심과 노력을 다해 주기를 비는 바입니다."

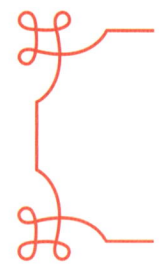 

슬픈 배따라기 같은 사랑, 기생

김옥엽
[金玉葉, 1901~?]

〈난봉가〉의 명창, 김옥엽

김옥엽은 평안도 태생으로 서도잡가의 〈자진난봉가〉, 〈긴난봉가〉이였지요.

"난봉이 낫네
　난봉이 낫게."

하는 〈긴난봉가〉는 굵으면서도 부드럽고, 부드러우면서도 쨍쨍한 옥을 구르는 듯한 독특한 성대를 안 갖고는 도저히 그와 같은 귀여
운 목소리를 못 냈을 것이라 하였답니다. 서도잡가 〈선유가〉도 퍽 사람의 마음을 움직이는 노래로 알려져 있습니다.

김옥엽은 당대 뛰어난 소설가 김동인을 1921년 봄에 명월관에서 처음 만나게 됩니다. 김동인이 그 당시 스물두 살 나이로 회의의 발기인회에 참석키 위하여 상경하였습니다. 거기서 처음으로 기생을 보고 기생의 취미를 맛본 김동인은 기생을 데리고 노는 젊은이들을 패자라 경멸했답니다. 하지만 가까운 장래에 얼굴을 감추지 않고 요릿집에 드나드는 나를 상상했지요.

서울로 올라온 김동인은 9호를 내고 정간(停刊) 상태에 있던 『창조(創造)』의 장래 방책을 강구하려는 핑계로 삼아, 그날 밤 질탕하게 명월관에서 연회를 열었지요. 그때에 운명적인 첫 만남을 가지게 됩니다. 그때에 같이 간 일행은 김억(金億), 김환(金煥), 김찬영(金瓚永), 고경상(高敬相) 등이 있었고 기생으로는 강명화(康明花)와 안금향(安錦香)과 김옥엽(金玉葉)이 있었지요.

김옥엽은 술을 잘 먹을 줄을 모르는 김동인이 몇 잔 못 한 술에 취하여 맞은편에서 좀 물러난 모습을 보았답니다. 그래서 이편으로 돌아와서 친절히 돌봐주었지요.

금동 김동인과의 사랑 이야기

그날 밤 김환(金煥)의 소개로서 김동인은 옥엽의 집에서 묵게 되었답니다. 한잠을 못 이루고 날이 밝기까지 속살거림으로써 보낸 그 밤은 서로에게 생애를 통하여 잊지 못할 저녁의 하나이었답니다. 어제 낮까지는 서로 알지도 못한 사람이 어제저녁에 처음으로 알게 되어 서로 마음을 주고받았지요. 다음 날 밤에 요릿집 청송관(靑松館)으로 놀러 가게 된 김동인은 옥엽의 소리를 듣게 됩니다.

> 왔소 나 여기 왔소.
> 천리타향 나 여기 왔소.
> 바람 길에 새여를 왔나.

구름 길에 새여를 왔나.

아마도 나 여기 온 것은.

시어님 보려.

김동인은 뽀이를 불러서 옥엽의 온 것을 알아보고 개평 떼여오기를 부탁할 때 마음이 무거운 바위 아래 깔린 듯이 괴로웠답니다. 이를 계기로 옥엽은 그 사랑의 불길을 맹렬히 받게 되었지요.

옥엽은 평양으로 간 김동인에게서 알렉산드리아를 박은 반지를 하나 사서 보내왔습니다. 처음에는 금강석 반지라도 하나 사서 보내려고 귀금속점에 갔다가 우연히 조선에서는 구하기 쉽지 않은 희대의 진품 알렉산드리아를 발견하고 그것을 사서 보내기로 한 것이라고 나중에 들었습니다. 그때 반지와 같이 보내 준 글은 "때를 따라서 빛은 변하나 보석인 그 본질에는 변함이 없는 이 돌로서 너에게 부치노니 빛에는 변함이 있을지라도 마음 하나는 이 돌과 같이 변함없기를 바란다"고.

당시 3전짜리 우표 한 장씩이 매일 없어질 정도 편지가 빈번했답니다. 한 달 만에 진남포에서 몰래 만나기도 했습니다. 김동인의 아내에게 발각되어 쫓기듯이 몇 가지 타협을 만들었지요. '사내 된 자 이제부터 옥엽과의 관계를 끊을 것, 그 대신에 마음의 상처를 위로키 위하여 한두 달 동안 여행을 하는 것은 그의 자유에 맡길 것, 여인 된 자는 장래 영구히 이번의 이 불유쾌한 사건을 입 밖에 내지 않아서 장래의 공연한 충돌을 피할 것' 등.

그러나 김동인은 '사랑'의 그 맹세를 저버리고, 사흘 뒤 밤 열두 시 부산행 열차에서 만나자는 약속까지 되어 함께 그길로 상경(上京)하였

문인 김동인과 김옥엽

습니다. 그리고 청진동(淸進洞) 집에 숨어서 낮에는 나와서 친구들과 만나고 밤에는 그 집으로 종적을 감추고 하였지요.

이 때문에 기생과 접근한다 하는 것은 김동인의 집안뿐 아니라 온 평양에 절대로 비밀히 하지 않으면 안 될 만큼 그의 집안은 교회에 자리 잡은 집안이었습니다. 옥엽과 동인은 경주로의 여행을 한 한 달 뒤에 경성으로 돌아와 광익서관(廣益書館)에 도착한 동인의 아내 편지를 읽게 됩니다. "기생과 같이 길을 떠났다는 것은 온 평양에 소문이 났으며 그 때문에 어머니와 형이 몹시 나의 태도를 밉게 여긴다는 말"이 있었답니다. 이제 얼굴을 들고 차마 평양의 거리를 다니지 못하겠음을 깨닫게 된 동인은 '되는 대로 되었다'면서 경성에 그냥 묵었지요.

옥엽은 다시 한성권번에 기적을 두게 되면서 친구 기생의 집에 머물면서 기생 영업을 시작합니다. 그 덕분에 동인은 이일(李一)의 집에서 안서(岸曙) 김억의 하숙집으로 동가식서가숙(東家食西家宿)하듯이 떠돌아다니면서 거처를 옮겼지요.

몇 달 후에 동인의 동생 동평(東平)이 어머니의 명령으로 상경하여 함께 이튿날 평양에 도착했습니다. 어머니와 타협한 내용은 "평양에 있을 것, 아내와 소생을 버리지 않을 것, 옥엽을 가정 안에 들이지 않을 것"이지만, 이 조건 아래서 첩을 삼아도 괜찮다는 허락이 낫답니다. 그 밤으로 다시 상경하여 옥엽과 함께 올라 뛰면서 기뻐하였답니다. 얼마의 준비금을 옥엽의 손에 쥐어주고 동인은 그 밤으로, 옥엽이는 이틀 뒤에 평양으로 내려오기를 작정한 뒤에 청송관에서 오래간만에 마주 앉아서 저녁을 같이할 때에 우리 둘의 얼굴은 희망으로 빛났지요.

결국 운명의 장난으로 옥엽은 평양에 오지 않았고 그다음 날, 동인은 경성에 있는 유지영(柳志永)에게서 "자네가 내려간 날 밤 열두 시쯤 우연히 옥엽의 집에를 갔더니 그 집 대청에 웬 모를 사람이 앉아 있네." 전보가 왔지요. 5, 6일 뒤에야 옥엽이 왔지만, 박절하게 거절했답니다. 마침내 오룡배온천(伍龍背溫泉)을 가려고 진남포에서 평양행 기차 안에 옥엽이 나타났지요. 숨을 씩씩거리며 달려와서, "여보, 좀 나립시다." 하면서 동인을 끌어당겼답니다. 이어서 "여보, 어디 가시는지 하루만 연기해요." 했지만 외면한 동인은 친구 K와 안동현(安東縣)으로 가버렸지요.

사랑의 경쟁자, 황경옥

옥엽와의 결별하게 된 동인이 새롭게 만나는 기생이 당시 열여섯 살 황경옥(黃瓊玉)이었습니다. 코 위에 두어 곰보 얽은 자리가 있으며 눈초리며 몸맵시며 어디로 뜯어보아도 아직 순진한 내음새가 풍부한 어린 기생이었습니다. 청량리까지 나가서 거기서 기차를 타고 소요산으로 단풍을 따러 갔지요. 소요산에서 이틀을 묵어 있는 동안 동인은 아직껏 마음속에 '기생의 타입'이라고 정의(定義)하여 두었던 그런 종류의 여자와는 완전히 다른 새 타입의 기생을 황경옥에게서 발견했다고 하였지요.

옥엽과 경옥의 경쟁의 틈에서 나는 어찌할 바를 모르고 모든 일을 가만 되는대로 버려둘 뿐이었지요.

"당신은 기생 둘을 올케 취급할 자격이 없어요."

옥엽은 흔히 동인을 비웃었지요. 동인은 거기에 대답을 못 하였지요.

경옥은 옥엽의 재등장으로 동인과 결국 헤어지게 되고 2년 지난 후에 우연히 전차에서 재회하지만 모른 체하였답니다. 그리고 얼마 뒤에 난산(難産)으로 죽었다는 것을 동인은 듣게 됩니다.

옥엽은 동인과 거의 패밀리호텔에서 살았답니다. 아침에 일어나는 시간은 대개가 열두 시를 지나서고 해가 서편으로 기울어지기만 하면 식도원으로 갔지요. 식도원에서 돌아오는 것은 대개 새벽 세 시나 네 시쯤이었습니다. 식도원에서는 우리를 위하여 '7호실' 한 방은 결코 다른 사람에게 빌려주지 않았답니다.

옥엽에 대한 동인의 마음과 태도도 첫 번째와는 달랐습니다. 첫 번에는 살림이라는 것을 앞에 그려놓고 장래에 나의 마누라가 될 옥엽을 늘 연상한 데 반하여, 두 번째는 한 노리개로서 옥엽을 사랑한 데 지나지 못하였답니다. 옥엽은 영리한 기생이었기에 어느덧 동인의 이런 심리조차 알아 차리고 이렇게 이야기했습니다.

"여보. 당신은 살림을 하기가 싫은 모양이외다 그려. 싫으면 싫다고 그래 줘요. 그러면 내게도 생각이 있으니까 당신이 나하고 살림하기가 싫다면 나는 당신을 떠나겠어요."

옥엽과 동인의 마지막 파경은 마침내 이르러, 문득 손을 들어서 옥엽이의 따귀를 때린 그 후로 동인과 헤어졌답니다. 그런 후, 동인은 도쿄를 오고 가면서 옥엽의 소식을 듣게 됩니다. 평안도로 살림을 갔다, 계룡산을 갔다는 등.

그 뒤에는 일절 소식이 없던 옥엽이 동인에게 편지 한 장이 보냅니다. 그 편지에는 "이제는 세상의 온갖 일을 잊고 오로지 학업에 힘쓰며 지금 자기의 아명 김금지(金金枝)로서 배재학당(培花學堂)에 다닌다는 이야기며 언제 경성에 올 기회가 있으면 한번 옛날의 친구로서 찾아 달란 말"이 있었지요. 그때 마침 미술전람회를 보려 상경하여 옥엽을 만나 같이 산보를 나섰고, 그 뒤 얼마 되지 않아 홀연히 그녀의 자취는 사라졌다고 합니다.

그 사이 동인의 여성 편력은 평양 기생 노산홍(盧山紅)과 어울리게 되었답니다. 후에 옥엽은 어떤 전 관리의 정실이 되어 잘살고 있지요.[13]

 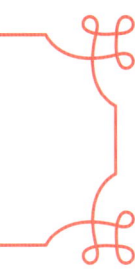

자야(子夜), 백석(白石)의 비련 주인공 기생

김진향
[金眞香, 1916~1999]

나타샤가 된 기생 김진향에게

시인 백석(1912~1995)의 연인이었던 기생 김진향은 1999년 여든세 살로 길상사를 남기고 떠납니다. 본명이 백기행(白夔行)인 백석은 '모던 보이(modern boy)'라는 애칭으로 문단 최고의 미남이었답니다. 요즈음 말로 하면 '훈남'이었지요.

김진향은 본명이 김영한으로 1916년 서울 태생이었습니다. 당시 기생들의 불운한 가정사를 안고 있듯이 그녀도 일찍 아버지를 여의고 할머니와 홀어머니 슬하에서 성장합니다. 금광을 한다는 친척에게 속아 가정이 파산하게 되자 1932년 김수정의 도움으로 16살에 조선권번에 들어가 기생이 됩니다.

기명(妓名)은 진향(眞香)으로 조선권번에서 조선 정악계(正樂界)의 대부였던 하규일 선생 문하에서 여창가곡, 궁중무 등을 배우지요. 하규일 선생이 '진수무향(眞水無香)'이란 글귀에서 한 글자씩 따서 지은 이름이었지요. 문재(文才)를 타고난 김진향은 기생 생활 중에도 『삼천리 문학』에 수필을 발표하며 인텔리 기생으로 이름이 알려집니다. 후일에 스승 하규일의 일대기와 가곡 악보를 채록한 『선가 하규일 선생 약전』을 출간하여 보답하지요.

1935년 조선어학회 회원이었던 해관 신윤국의 후원으로 기생 진향은 일본 유학을 가지요. 일본 도쿄에서 공부하던 중 그녀는 신윤국이 일제에 의해 함흥에 투옥되었다는 소식을 듣고 귀국합니다. 함흥에서 면회를 하려다 그곳에 눌러앉아 함흥권번으로 들어가는데, 그곳 기생이 되면 큰 연회에 나갈 기회가 많고 자연스럽게 함흥 법조계 유력인사를 만나게 되면 신윤국을 특별 면회할 수도 있을지 모른다는 기대 때문이었답니다.

하지만 진향은 함흥 영생여고보 영어교사로 근무하고 있던 백석과 운명적으로 만납니다. 진향은 함흥 영생여고보 교사들의 회식 장소에 나갔다가, 백석이 진향을 옆자리에 앉히고 손을 꼭 잡고는 이렇게 속삭이었지요.

"오늘부터 당신은 나의 영원한 마누라야. 죽기 전에 우리 사이에 이별은 없어요."

그때 백석의 나이 스물여섯, 진향의 나이는 스물둘로 백석은 퇴근하면 으레 진향의 하숙집으로 가 밤을 지새곤 했습니다. 어느 날 백석은 진향이 사 들고 온 『당시(唐詩)선집』을 뒤적이다가 이백의 시 「자야오가(子夜嗚歌)」를 발견하고는 그녀에게 '자야(子夜)'라는 아호를 지어 줍니다.

「자야오가」는 중국 장안(長安)에서 서역(西域) 지방으로 오랑캐를 물리치러 나간 낭군을 기다리는 여인 자야의 애절한 심정을 노래한 곡

청산학원 3학년 시절의 백석   18세 때의 김진향

이지요. 백석이 하늘에 맺어준 여인에게 '자야'라는 아호를 붙여준 것은 자신에게 닥칠 운명을 알고 있었답니다.

백석은 자야를 따라 함흥에서 서울로 올라와 청진동에서 살림을 차립니다. 비슷한 시기 천재작가 이상(李箱)은 황해도 배천에서 만난 기생 금홍이와 함께 서울로 올라와 잠시 종로 우미관 뒤편에서 살림을 차렸고, 현재의 교보문고 뒤편 피맛길에서 훗날 「오감도」가 탄생하게 되는 제비다방을 열었습니다.

백석과 자야가 동거를 한 3년여 동안 백석은 자야와 사랑을 하는 동안 사랑을 주제로 한 여러 편의 서정시를 쓰는데, 그중 『여성』에 발표한 「바다」와 「나와 나타샤와 흰당나귀」는 자야와 관련된 작품이었습니다.

「나와 나타샤와 흰 당나귀」

가난한 내가

아름다운 나타샤를 사랑해서
오늘밤은 눈이 푹푹 나린다

나타샤를 사랑은 하고
눈은 푹푹 날리고
나는 혼자 쓸쓸히 앉어 소주를 마신다
소주를 마시며 생각한다

나타샤와 나는
눈이 푹푹 쌓이는 밤 흰 당나귀를 타고
산골로 가자 출출히 우는 깊은 산골로 가 마가리에 살자

눈은 푹푹 나리고
나는 나타샤를 생각하고
나타샤가 아니 올 리 없다
언제 벌써 내 속에 고조곤히 와 이야기한다
산골로 가는 것은 세상한테 지는 것이 아니다
세상 같은 건 더러워 버리는 것이다.

눈은 푹푹 나리고
아름다운 나타샤는 나를 사랑하고
어데서 흰 당나귀도 오늘밤이 좋아서 응앙응앙 울을 것이다

 분단에 이은 6·25전쟁은 사랑하는 두 사람을 남북으로 갈라놓게 되고, 백석은 '월북 작가'라는 누명을 쓰게 되지요. 백석은 월북한 적이 없었고 월북 작가가 아닌 재북 작가였지요.
 자야는 1953년 만학으로 중앙대 영문과를 졸업하고 1995년 『내 사

랑 백석』을 출간했습니다. 생전의
자야는 백석의 생일인 7월 1일이
되면 하루 동안 일체의 음식을 먹
지 않았습니다. 사랑하는 연인 백석
에 대한 그리움과 미안함을 그렇게
라도 표현하고 싶었답니다. 노년의
자야는 백석의 시를 조용히 읽는
게 가장 큰 생의 기쁨이었습니다.
자야는 『내 사랑 백석』에서 "백석
의 시는 자신에게 있어 쓸쓸한 적
막(寂寞)을 시들지 않게 하는 맑고
신선한 생명의 원천수였다"고 술회
를 했답니다.

이후 김진향은 성북동 골짜기에
대원각이라는 요정을 세우고 장안

1970년대 중반 무렵 북한에서 촬영한
백석의 가족사진

의 명사들을 초대했던 화려하면서도 불운하고 한 많은 삶을 꾸려왔답
니다. 대원각 시절 '김숙'이라는 비즈니스 이름을 가졌다고 합니다. 엄
청난 재산을 가졌으면서도 그녀는 늘 가슴속에 백석을 품고 살았습니
다. 대원각을 길상사로 바꾸어 사회에 환원했지요.

자야는 1997년 창작과비평사에 2억 원을 출연해 '백석문학상'을
제정했지요. 시집을 대상으로 한 백석문학상은 1999년부터 수상작을
발표해 황지우, 최영철, 신대철 등이 백석문학상을 수상한 시인들입
니다.[14]

03

조국 사랑에 마음을 바치다

기생들의 기미독립 만세
김향화
[金香花, 1897~?]

1919년은 누구나 알고 있듯이 기미년 3월 1일 독립만세운동이 일어났던 해이다. 나라의 자주독립이 가장 절실한 과제였던 만큼 그 참여 계층에 있어 기생도 예외는 아니었다.

그해 매일신보, 동아일보 등 각 일간지에는 수원기생 33명, 김향화를 비롯한 해중월, 벽도, 월희, 향희, 월선, 화용, 금희, 채주 등이 3월 29일에 검진을 받으러 자혜의원(慈惠醫院)으로 가던 중

『조선미인보감』에 수록된 기생 김향화 사진

수원경찰서 앞에서 만세를 부르고 동문을 경유하여 서문으로 시위행진을 하였다는 기사가 실렸다. 김향화는 주동자로 체포되었고, 잔인한 고문을 받았고 1919년 5월 27일 재판장에서 징역 6개월을 선고받았다. 서대문형무소에서 독립운동가인 유관순과 같은 방에 수감되었다고 한다. 수감 중 고문으로 몸이 많이 상하여 만기 1개월 전 감옥에서 풀려났지만 일제의 감시는 심해졌다. 그녀는 '김우순'으로 이름을

바꾸고 1935년 경성으로 상경했고, 가족들은 뿔뿔이 흩어졌으며 이후 행적은 알려지지 않았다. 2009년에 대통령 표창이 추서되었다.

1919년 발행된 『조선미인보감』에 검무, 승무, 각 정재무, 가사, 시조, 경기잡가, 서관이요, 양금 등이 뛰어난 당대 이름난 기생이라고 기록되어 있다. 기생 김향화를 평가하기를, "온갖 계책으로 봄을 머무르게 하되 봄은 사람을 머무르게 하지 못하고 만금은 꽃을 애석해 하지만, 꽃은 사람을 애석해하지 않아, 나의 푸른 쪽진 머리, 주홍 소매를 쥐고서 한번 넘어지면 이십 광음이 끝나도다. 누가 가곡이 근심을 능히 풀 수 있다 말하는가. 가곡은 일생의 업원(業冤)[15]이로다.[16]"라 할 정도였다.

김향화는 본래 1897년 한성부에서 태어났다. 본명은 김이순, 15세 화류계의 꽃이 되었다고 한다. 1910년대 수원예기조합의 존재를 확실

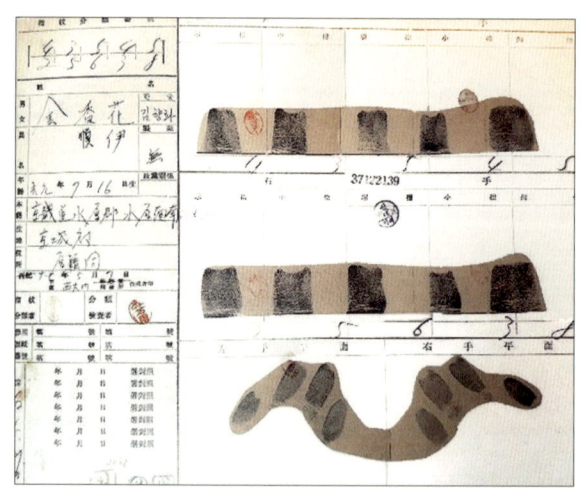

김향화 지사의 지문이 찍힌 신분장 지문 원지(1919)
국가기록원

1919년 덕수궁 앞에서 망곡례를 올리는 수원 기생들
『덕수궁 국장화첩』 광교박물관

히 알려주는 내용도 아울러 소개되었다. 갸름한 듯 그 얼굴에, 주근깨가 운치 있고, 탁성인 듯 그 목청은, 애원성이 구슬프며, 맵시동동 중등 키요, 성질 순화 귀엽다고 기록되었다. 『조선미인보감』은 권번과 기생조합의 기생들을 홍보하고자 펴낸 자료로 '풍속 교화'라는 측면에서 일제가 기생들을 통제하고 있는 식민지배의 일면을 보여주고 있기도 하다. 당시 수원 기생은 1918년 33여 명에서 1925년 18명, 1929년 14명에서 30여 명으로 화성권번(華城券番)으로 바뀐 뒤 1940년대에는 50여 명의 기생이 있었다. 1920년대에 기생의 수가 줄어서 나타난 것은 역시 3·1 운동의 여파라고 볼 수 있다. 3·1 운동을 주동했던 많은 기생이 옥고를 치르면서 복귀하지 못하였기 때문일 것이다. 이후 화성권번으로 바뀐 뒤 50여 명의 기생이 줄곧 유지되고 있었음을 볼 때 지방 권번으로서는 매우 큰 규모였을 것이다.

김향화를 비롯한 수원기생들은 1919년 고종 임금이 돌아가셨을 때도 나라 잃은 설움을 토해내었다. 당시 고종 임금의 승하 발표가 나자 기생, 광대, 배우들은 모두 휴업을 하고 근신에 들어갔다. 그리고 덕수궁 대한문 앞에 백성이 모여 곡을 할 때 기생들도 함께 참여하였다. 1월 27일 고종 장례에 맞춰 수원기생 20여 명은 소복을 입고, 나무 비녀를 꽂고, 짚신을 신고 수원역에서 기차를 타고 서울로 올라가 대한문 앞에서 망곡(望哭)[17]을 하기도 하였다.

이 외에도 1919년 기생조합 소속 기생들이 전국 각지에서 전개한 일련의 독립만세 시위가 3월 19일 진주, 3월 29일 수원, 4월 1일 황해도 해주, 4월 2일 경상남도 통영 등 전국에서 전개되었던 사실을 찾아볼 수 있다. 이 사건은 3·1 운동이 한국 민족 전체의 운동이었음을 보여 주는 거사로 큰 화제를 일으켰다. 이 밖에도 일일이 예를 들 수는 없지만 당시 기생 중에는 민족의식이 투철하여 일본인들을 골탕 먹인 예가 많았다고 한다.

 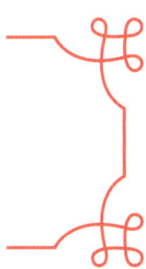

항일독립의 의열단원 기생
현계옥
[玄桂玉, 1897~?]

여성 근대 승마의 개척자, 기생의 모습

'말을 타는 기생'이 '항일무장 독립운동가'로 변신했다는 사실은 놀랄만한 일이다. 1910년대 후반에 들어서자 신문지상에서 '말을 타는 기생'의 대명사로 알려진 이가 바로 현계옥이다. 우리나라 근대 승마의 역사에서 기생 출신의 여성들은 '여성 최초'의 서구식 승마를 했다는 타이틀을 얻었다.

22세의 현계옥

계옥은 경상북도 달성 출신으로 일찍 부모를 여의고 17세에 대구 기생조합에 들어가 기생이 된다. 그녀의 용모는 풍만했고, 새주는 빈첩했다. 경박하지 않고, 풍류가무도 뛰어났다. 무엇보다 한문에 조예가 깊었다. 가곡, 정재무, 승무 그리고 절묘한 가야금 연주도 그녀의 일부와 같았다. 그녀가 하는 소리와 산조도 빼놓을 수 없다. 특히 춤과 가야금에는 대적할 이가 없다하여 풍류객들의 인기를 독차지하던

현진건의 사촌 형,
독립운동가 현정건

당대의 명기였다. 남보다 재주가 많으면 남보다 정조도 더 굳은 걸까.

그런 콧대 높은 계옥이 현정건(玄鼎健, 1887~1932)이라는 남성을 만나 뜨거운 연애 사건을 벌이게 된다. 현정건은 소설『운수 좋은 날』을 쓴 현진건(玄鎭健, 1900~1943)의 사촌 형으로 일찍이 일본·중국 등지로 돌아다니면서 유학한 인텔리다. 그가 때로 고향에 돌아왔다가 친구와 어울려서 기생집을 한 번씩 찾곤 했는데, 이후 계옥에게 운명의 남자가 된다. 그녀의 나이 19세, 시국에 불만을 품고 중국, 일본으로 돌아다니던 그의 소식을 조금이라도 더 듣기 위해 계옥은 거처를 경성의 한남권번으로 옮기기까지 하였다.

정건의 집안에서는 기생과 친하게 지내면 못 쓴다고 그의 일거수일투족을 엄중히 감시하기에 이른다. 계옥의 집안에서도 돈이 없는 그를 가까이할 필요가 있느냐며 그녀를 닦달하였다. 이미 타오르기 시작한 젊은 남녀의 사랑을 누가 막을 수 있을까. 계옥은 자신의 기생 생활을 저주하며 박명을 한탄하던 나머지 신경쇠약에 걸리어 밤잠을 못 이루고 신음하는 몸이 되고 만다.

몽매에 그리워하던 정건이 얼마 되지 아니하여 중국 상해로 들어가고, 한 이탈리아 신문의 기자로 있게 되자

"날 데려가오"

"잠깐만 더 기다리오."

하는 편지가 황해 바다를 덮을 만큼 끊임없이 오고갔다.

그런데 계옥의 손님 중에 전(田)씨 성을 가진 한 청년은 같이 한번

의열단 단장 김원봉   기생 현계옥(오른쪽 첫 번째)의 승마 사진
『매일신보』1918년 3월 5일

살아보면 여한이 없겠노라고 애원하기까지 하였다. 계옥이 흔들리지 않고, 단호하게 거절한다. 실망한 청년은 현정건을 빗대어 '현(玄)'씨끼리 살면 '자(玆)'씨가 된다고 비꼰다. 구변 좋은 계옥은 '현(玄)'씨와 '전(田)'씨가 같이 살면 '축(畜)'씨가 된다고 대응한다. 절묘한 거절이다. 똑똑한 계옥의 재치가 돋보이는 이 일화는 유명하다.

애국투쟁을 위해 만주로 떠나다

계옥은 현정건의 소식을 듣기 위해 압록강을 건너오는 독립 청년들과 자주 사귀게 된다. 그 덕분에 중국 신해혁명에 유명한 손문(孫文)과 함께한 혁명가 황흥(黃興, 1874~1916)의 사적도 전해 듣는다. 당시 중국의 기녀들은 민족이 위기에 처해 있는 긴급한 상황에서 독특한 방식으로 애국 투쟁을 벌이고 있었다. 기녀들은 '청루(靑樓)구국단'을 조직하여 "직업은 비록 천하지만 애국하는 것은 한가지다"라는 성명을

낸다. 적지 않은 연예인과 가녀(歌女)들도 애국투쟁에 참여하기 위하여 연극과 노래를 중지한다. 또한 중국 천진(天津)의 기루(妓樓)에서 기녀 정추진이 '여자 혁명결사대'를 통하여 이름을 일세에 떨치고 있다는 것을 알게 된다. 이에 자신의 새로운 앞길을 결정하고 마침내 험난한 만주 벌판으로 떠날 결심을 굳힌다.

이제 계옥은 정건의 애인이자 동지가 되었다. 경찰들이 기생집에 감시가 허술한 점을 틈타 모임을 주선하고 여러 핑계로 요릿집 놀음

관기의 춤으로 설명되어 있지만, 1915년 일본이 조선 합방 5주년을 맞아 창작한 〈시정오년기념성택무(始政五年記念聖澤舞)〉이다. 현계옥이 속한 한남권번도 참여한 것으로 기록되어 있다.

에도 나가지 않았다. 노래는 물론이요 일흔두 가지 춤을 출 줄 알고, 한문 글씨 잘 쓰기로도 당대의 기생 중 대적이 없었다는, 특히 말을 잘 타기로 유명한 기생. 아무리 애를 쓰고 마음을 태워도 그녀를 볼 수 없었던 풍류객들은 애가 탈대로 타서 녹아버릴 지경이었다. 심지어 황금정 승마구락부에서 남자처럼 승마복을 입고 말 타는 그녀를 찾아다니는 풍류객까지 생길 정도였다. 당시 계옥이 승마복을 입고 모자를 눌러쓰고 자신의 키보다 높은 말 위에 앉아 화살같이 달리는 늠름한 모양을 한 번쯤 상상해 보면 어떤 남성이라도 미혹할 만하지 않을까.

드디어 21살이 되던 해 봄, 1919년 2월에 계옥은 몰래 가산을 정리하여 길 떠날 준비를 마친다. 그런데 같이 가려던 정건이 일제 경찰에 구속되고 만다. 다행히 얼마 되지 아니하여 그가 석방되던 때는, 남녀노소 할 것 없이 모두 만세들을 부르고 투옥되던 처절한 3월 중순경이었다. 계옥은 밤을 새워 잡히지 않고 무사히 강을 건널 방법을 모색한다. 정건과 중국에서 만날 약속을 한 후, 그가 소개해 준 청년의 뒤를 따라나선다. 계옥은 중국옷으로 변장하고 귀를 뚫어 중국 여자 모양으로 고리를 걸어서 교묘히 피하기도 하였다.

중국 안도현에서 이틀 밤을 자고 봉천에 이르러 '황사후루(皇寺後樓)'란 곳에서 보름 동안 머물렀다. 하지만 일본 관헌의 감시는 여전히 심하고 계옥을 알지 못하는 청년들은 그녀의 행색을 의심하기에 이른다. 이러저러한 상황에 몰려 계옥은 '북릉어화원(北陵御花園)'이란 곳으로 옮겨서 그가 찾아오기를 기다린다. 정건은 계옥이 뛰어난 용모로 해를 당하지 않을까 염려되어, 믿을만한 친구에게 부탁하여 먼저 떠나보낸 터였다. 정작 자신은 독립운동 자금을 만들기 위해서 늦게 길림으로 출발하기 때문이다. 이때 봉천에 있는 계옥에게 오라고 통지를 하면서 동시에 첫 활동을 준비하게 된다.

길림, 그곳에는 1918년에 조선을 떠나 중국으로 들어간 김원봉, 김좌진, 홍범도 등이 이미 와 있었다. '의열단', '광복단'을 조직하고 각종 기관을 만들어 내외의 연락을 도모하고 동지를 모집하여 무기를 구입하는 등 무장운동을 하는 중이었다. 마침내 정건의 부름을 받고 길림에 다다른다. 그리고 『비전(秘傳) 혁명전기』 중에서나 보던 인물들과 비로소 만난다. 지금까지 사귀어 오던 뭇 사나이들과는 비길 바가 아니었다. 정성껏 그들의 일을 돕는 한편, 정건과 단란한 가정을 이룰 꿈도 버리지 않았다. 그러나 의심 많고 시기 많은 세상은 그녀의 알뜰한 마음을 알아주지 못하였다. 오히려 꿈에도 없던 소리를 지어내기만 한다. 무성한 소문으로 그녀의 집까지 습격을 당하는 사태가 벌어진다. 계옥은 더 마음을 다잡고 다양한 방법으로 자기의 결심을 드러낸다.

계옥은 독립운동 청년들의 고달픈 심경을 위로하고자 송화강변에서 달빛을 담아 가야금 연주한다. 그 달빛의 선율은 젊은이들의 피를 끓게 하면서 상처 입은 영혼들을 보듬어 주었다. 차차 계옥의 정성을 알게 되자, 의열단장 김원봉의 인정을 받아 여성으로 유일한 '의열단원'으로 인정해주게 된다. 그 후 계옥은 정건에게 영어를, 김원봉으로부터는 폭탄제조법과 육혈포 쏘는 방법을 배워 조직의 비밀활동을 담당하였다. 얼른 보기에 여자라고는 도저히 상상도 할 수 없는 모습으로 변신을 감행하곤 했다. 그녀는 때때로 교묘한 꾀로 의열단에 기여하는 바가 컸다.

한번은 중국 천진에 있는 폭탄을 상해로 운반해야 일을 맡은 적이 있었다. 관헌의 감시가 삼엄하여 뜻을 이루지 못하고 초조해지던 차였다. 계옥은 양복을 입고 폭탄을 가지고는 단신으로 배를 타고 상해로 돌아간다. 관헌의 취조가 있을 때마다 알지 못하는 서양사람 옆으로 가서 공연한 말을 걸어서 남 보기에 부부가 여행하는 것처럼 꾸며 무사히 운반에 성공하였다. 풍속이 다르고 말이 다른 남의 나라에서 계옥과 그 일행들이 조석으로 변장을 하며 신출귀몰하였을 것을 상상해 보면 박진감 넘치는 활극을 방불케 할 것이다.

그 후 계옥은 정건과 같이 상해 프랑스 조계지에 있으면서 동생 계향(桂香)과 월향(月香)을 조선으로 보낸다. 계향은 사회주의 운동가 박일병(朴一秉, 1893~?)과 같이 일본에서 공부를 하는 중이었고, 월향은 독립운동가 신백우(申伯雨, 1887~1959)를 도와주게 된다. 상해에서는 현정건과 윤자영(尹滋瑛, 1894~?)과 더불어 여전히 항일 독립운동을 전개한다. 사이사이 꾸준히 영어공부를 계속한 덕분에 이제는 웬만한 영문소설까지도 넉넉히 볼 정도의 실력자였다.

30세가 되던 해, 정건이 1928년에 상해 프랑스 조계지에서 일본 총영사관 경찰에 체포되어 신의주지방법원에서 징역 3년 형을 선고받는다. 그가 출옥 후 옥고의 후유증으로 병사하자, 계옥은 시베리아로 망명한다. 이제 당대에 대표적인 행동파 '사상기생(思想妓生)'이 된 것이다. 현정건에게는 1992년 건국훈장 독립장이 추서된다. 한편 그 못지않게 항일 독립운동에 헌신했던 현세옥은 누구의 손길도 닿지 않는 버려진 묘비처럼, 망명 후에 그 흔적을 알 길이 없다.[18]

'여성들이여 가정을 버려라' 기생
정금죽
[丁琴竹, 1897~1958]

타고난 기생 정금죽에서 사상기생 정칠성으로

"기생도 독립운동에 참여했다"는 기록을 통해 우리는 당시 민족독립의 염원이 얼마나 절실했는가에 지표를 삼아볼 수도 있다.

당시 사람들은 이들을 가리켜 '사상 기생'이라 불렀는데, 후에 대표적인 사회주의 여성운동가로 손꼽히던 기명이 정금죽(丁琴竹)이었던 정칠성(丁七星)이 그중 한 명이었다.

21세의 정금죽

대구 출신인 그녀는 빈한한 집안 환경으로 7살에 기생이 되어 고된 훈련과정을 거쳐 18살 때 상경해 남도 출신 기생들이 모여 있던 대정권번에 들었으며, 기명은 금죽(琴竹)이다. 기예로는 남중잡가(南中雜歌), 가야금 산조, 병창, 입창, 좌창, 정재 12종무 등이 탁월하였고, 특히 말을 잘 타고 바둑을 잘 두었다고 전해진다.

기생 정금죽(중앙)의 승마 사진
『매일신보』 1918년 3월 5일

정칠성이 연설하는 근우회
창립총회 모습(1927)

    22세 때 3·1 운동이 일어나자 민족주의자가 되었고, 일본 유학 이후에 사회주의 여성운동의 성실한 수호자가 되었다.
    정금죽은 사회주의 여성운동이 싹트던 25세에 일본 유학을 다녀오면서 사상적 변화를 겪는다. 고향에서 대구여자청년회를 조직한 이후 그의 삶은 사회주의 여성운동의 역사와 함께한다.
    여성동우회, 삼월회, 근우회 등 사회주의 여성단체이 중요 간부를 맡는가 하면, 독학으로 쌓은 사상을 기반으로 무산계급운동의 필요성을 역설한다. 그녀에게 진정한 신여성은 어디까지나 "모든 불합리한 환경을 부인하는 강렬한 계급의식을 가진 무산여성"이었다.
    그녀는 사회운동을 위해 여성들이 과감히 가정에서 뛰쳐나와야 한다고 했으며, 노동여성의 계급해방을 부르짖었지만 성과 사랑에 대해서는 언급을 피하여 당시 조선 사회가 지니고 있던 보수성에 대한 충돌은 피해 가고 있었다.

이는 기생생활을 경험했던 여성 사회주의자가 식민지 가부장제에 타협하는 한 방법으로도 보인다.

항일 여성운동단체, 근우회에 참여하다

30세에는 1927년 5월 조직된 최초의 항일 여성운동단체인 '근우회'에 참여한다. 당시 민족주의와 사회주의 계열로 양분되었던 국내 세력은 보다 강력한 항일운동을 전개하기 위하여 1927년 2월 신간회를 창립, 통합한다. 여성계에서도 이러한 통합론이 일어나 민족·사회 양파로 분열돼 있던 여성운동 세력이 근우회 창립을 계기로 합쳐지게 되었다.

근우회는 특히 교육문제와 부녀자 아동의 노동문제 등 사회복지적 측면에서 선구적인 사상을 갖고 있었다. 특히 야간작업 금지와 시간외 작업 금지, 탁아제도 도입 등의 항목을 살펴보면 당시의 여성들이 얼마나 열악한 노동환경에서 신음하고 있었는지 짐작해 볼 수 있게 해준다.

32세에 정칠성이 근서(근우회 서무) 제17호로 1929년 9월 27일 근우회 중앙집행위원회 위원장으로서 작성한 내무성 귀중 조선인 노동자 귀환에 관한 항의문은 다음과 같다.

"금번 조선인 노동자를 (일본에서) 귀환시킨 데 대하여 다음과 같은 이유에 의하여 항의한다. 조선인 노동자는 경제적 궁핍으로 생활 곤란 때문에 구호책을 구하여 일본 노동시장에 건너가 근로한 것이다. 고로 그들은 조선에 돌아와도 생로 없는 비참한 무산군이다. 조선인 노동자들을 귀환시킨 것은 조선인 노동자들을 사지에 유혹하는 것이다. 또 일본인 노동자 보호를 위하여 각종 방책을 강구하면서도 조선인 노동자만 귀환시킨 것은 민족차별이 아닐 수 없다."

이처럼 우리나라 최초의 근대적 여성운동 단체였던 근우회는 1928년쯤부터 YWCA를 중심으로 활동하고 있던 김활란, 유각경 등이 퇴진하면서 사회주의 운동가들이 득세하기 시작했다. 또 1929년 광주학생사건으로 인해 정칠성을 포함한 간부들이 검거 투옥된 이후 침체일로에 접어든다. 그 이후 정칠성의 활동상은 찾아볼 수 없고 그녀는 사회운동계에서 한 발 물러나 편물학교를 개설하였다고 한다.[19]

기생 정금죽

8·15광복 이후에는 조선부녀총동맹을 결성해 부위원장을 맡았다. 그녀는 1948년 8월 해주 남조선인민대표자대회에 참가하면서 월북했다가 그곳에 머물렀고, 이때 남조선을 대표한 제1기 최고인민회의 대의원으로 선출되었다.

1948년 10월 조선민주여성동맹 중앙위원을 지냈으며, 1956년 4월에는 조선노동당 중앙위원회 후보위원이 되었고, 1957년 8월 제2기 최고인민회의 대의원으로까지 활약했다는 기록이 보인다.

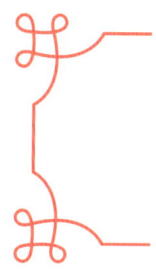 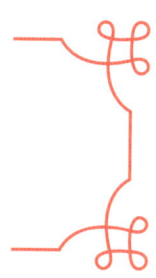

3·1독립만세를 외친 사상기생
이소홍
[李小紅, 1903~?]

독립운동가의 길에 들어선 이소홍

시대는 암울하고 억눌린 시대였다. 기생이라 해서 분노가 없고 기생이라 해서 사상이 없는 것은 아니다. 또 주목받으면서도 천시당해야 했던 직업적인 특성으로 인해 같은 사건도 더 부각될 수밖에 없었음을 공감할 필요가 있다.

이소홍은 경북 칠곡군 봉암동의 출생으로 본명은 이소암(李小岩)이다. 그녀의 늙은 어머니가 슬하에 자식이 없어 항상 슬퍼하

한남권번의 기생 이소홍
(당시 14세)

던 끝에 그 동리 봉황바위에 정성을 다하여 기도를 드린 후에 잉태가 되었다. 그 바위의 이름을 따라 소암이라고 부르게 되었다 한다.

금지옥엽같이 부모가 길렀지만 일곱 살에 천연두를 앓으면서 거울같이 고운 얼굴에 이곳저곳에 얽은 티가 생겼다. 다행히 그다지 보기 싫게 얽었다기보다는 병풍에 조화문을 이곳저곳에 놓은 정도로 수수

제1부 _ 그 시절의 잊히지 않는 그녀들 137

하였다 한다.

이후에도 크고 작은 병을 앓게 되자 아홉 살 무렵 미신을 좇아 다른 집의 양녀로 가면서 인생이 바뀌게 되었다. 양모를 따라 부산으로 간 소홍은 부산 화류계에서 이름을 떨치는 기생이 되었다.

본래 영리한 그녀인지라 뛰어난 재주는 일반 기생들을 누를 만큼 풍류와 춤이 능란한 한 동기(童妓)가 되었다. 풍류로는 양금, 가야금이요, 춤에는 살풀이(굿거리), 승무 등이었다. 부산 화류계에 소문이 난 그녀는 13세에 또다시 그의 양모와 함께 상경하여 이곳저곳 조합에 몸을 두고 기생노릇으로 살아가게 되었다.

16세에 그 양모마저 돌아가시자, 칠곡에서 자기의 친어머니가 올라와서 함께 거처하는 동시에 그녀는 조합을 떠나 따로 독립하여 기생영업을 하게 되었다. 그러나 당시 우리 사회가 겪고 있던 뜨거운 시대적 자각의 열병들을 공감하게 된 소홍은 비록 몸은 기적에 두었지만 남이 생각지 못하는 다른 뜻을 품게 되었다.

그때 1919년 3·1 운동이 일어나자 비록 기생이었지만 남다른 뜻을 가진 그녀는 남이 생각지 않는 각성을 가지게 되었으며, 자기 개성을 위하여 다른 사람을 위하여 재생을 부르짖게 되었다. 그래서 그녀는 단호히 앞길을 결심하고 요릿집과 조합에 다니는 것을 굳게 거절하는 동시에 자기 집에서도 일반 화류 남자의 출입을 거절한다.

다만 혼자 어린 마음으로 "어찌하면 내가 참 사람이 되나? 어찌하면 우리도 남과 같이 자유롭게 살아 볼 수 있나?" 하며 주야로 번민과 고통에 사로잡히고 말았던 것이다. 일이 이렇게 되고 보니 상종하는 것은 모두 돈 없는 사람뿐이고 사상을 말하는 손님들이었다.

살림은 나날이 곤란해져서 많던 사치품과 비단 병풍 등은 모두 전

당포로 가져가 버리고 그날그날을 지내기에도 힘겹게 되자 그녀를 사상기(思想妓)라느니 혹은 돈 없는 사람만 좋아하는 기생이라 하여 비웃는 소리도 자자하였다고 한다.

설상가상으로 20세 되던 해에는 경찰 당국의 주목과 감시는 더욱 심해지기만 해서 가혹하리만큼의 수색과 심문을 당하기도 하였다. 21세에는 마침내 일본 동경에서 체포되었다. 그때 낯선 땅 도쿄 한구석에서 세상을 저주하며 사람을 원망하며, 눈물 속에 낮과 밤을 보내던 이소홍의 앞날을 걱정하는 신문기사가 지금도 보는 이를 가슴 아프게 한다.[20]

04

내 생의 의미를 추구하다

자아실현을 위한 일편단심
주산월
[朱山月, 1893~1982]

행수 기생 주산월

주산월은 본래 평양부 태생으로 8살부터 기생학교에 입학하였는데, 당대의 명기로 이름을 날리었다.

주산월의 본명은 주옥경(朱玉京)이다. 일찍이 '천도교의 3대 교주 손병희'의 뜨거운 총애를 받아오던 그녀는 14세에 기생으로 나섰다. 본래 어려서부터 기생으  로 나왔던 까닭으로 이왕 기생노릇을 하는 바에는 한번 개량을 하고자 많은 반대를 무릅쓰고 무부기조합(기생 서방 없는 기생조합)을 창설한다. 바로 '다동기생조합'의 제1대 향수를 지낸다. 비록 얼굴은 그다지 잘나지 못한 편이지만 노래 잘 부르고 춤 잘 추고, 더구나 마음씨가 곱고 태도가 우아해서 장안의 수많은 남자들이 그녀의 뒤를 따랐다고 한다.

서화와 서도에도 능했던 주산월이 손병희 선생의 아낌을 받았음은

평양기생학교에서 학생들을 가르치고 있는 주산월

단순한 인연만은 아니었던 듯싶다.

22세 때 천도교 의암 손병희 교조가 그녀를 안으로 불렀고 이후 그녀는 자나 깨나 온 마음으로 선생을 모시어, 세 번째 부인이 되었다. 그 무렵 천도교에서는 연중 세 차례의 큰 기념행사가 있었다.

이 세 차례의 기념일이 되면 전국 방방곡곡에서 교인들이 구름처럼 서울에 몰려왔고, 천도교 본부에서는 지릉 동대문 밖 상춘원(현 금룡위궁 자리) 뒤 공터에서 원유회를 벌였다. 이 잔치에는 장안의 유명한 요리점들이 총출동하여 모의점을 내고 저마다 음식 솜씨를 자랑했으며, 신자들은 아무 곳에 가서도 배불리 먹고 즐겼다. 여기에 노래와 춤이 빠질 리 없었다. 무대를 꾸며 광대가 나오고, 각 권번에서 차출된 기생들이 춤과 노래로 재주를 겨루었다. 이 무렵 서화와 서도에 능했던 주산월이 의암 선생의 주목과 사랑을 받게 되었던 것이다.

의암 손병희 선생을 존경하는 주옥경이 되다

두 사람은 30년간의 연차가 있었지만 의암 선생은 그녀를 무척 아껴주었고, 그녀 역시 스승처럼 어버이처럼 의암 선생을 따르고 존경했다.

26세 때인 1919년에 의암 선생이 벌일 3·1 운동 거사를 알고, 손님들이 들어와 밤늦게 돌아갈 때까지 문밖에서 주위를 경계하고 있었던 이도 바로 그녀였다. 거사를 앞두고 천도교 자금을 여러 곳에 분산해 두었을 때에도 집에 둔 자금은 모두 그녀가 맡고 있었을 만큼 의암선생의 신망이 두터웠다 한다.

3·1 독립만세가 터진 다음 은행이나 천도교에 맡겼던 자금은 일제에 의해 모두 압수되거나 동결되어 한 푼도 쓰지 못하게 되었지만, 그녀가 보관하였던 자금만은 안전하고 유용하게 쓸 수 있었으니, 의암 선생의 사람 쓰는 안목도 눈여겨볼 만하다.

당시 삼엄한 감시를 받으며 기미독립선언을 준비하면서 의암 선생과 다른 지도자들 사이의 연락책도 그녀가 추호의 실수 없이 해냈다고 한다.

1919년 3월 1일 의암 손병희 선생이 명월관 별관인 '태화관'으로 가기 전 제동 자택을 떠날 때 그녀는 솜을 두둑하게 넣은 한복 한 벌을 내놓았다.

하오 1시가 되었을 무렵 천도교 교조인 손병희 선생을 비롯하여 기독교·불교 등 다른 종교계의 인사들도 속속들이 모여들기 시작한다. 불교대표 한용운, 기독교 대표 오화영 목사, 오세창, 최린, 권농진 등 보기 드문 손님이 한방에 모이고 어느 틈에 태화정 동쪽 처마에는 태극기가 힘차게 나부끼고 있었다.

이윽고 손병희 선생을 위시한 민족대표 33인 중 이날 참석한 29인이 자리에서 일어나 동쪽을 향해 태극기에 경례한 다음 육당 최남선이 독립선언문을 낭독해 내려갔다. 비장한 독립선언문 낭독에 이어 '대한독립만세' 3창이 우렁차게 터져 나왔고, 기미 독립선언 축하연이 베풀어졌다. 그리고 그 역사적이고 진기한 장면이 벌어진 후 손병희 선생을 비롯한 민족대표들은 경무총감부로 끌려가게 되었던 것이다.

의암 손병희 선생 사진

그날 오후 5시가 지나서야 이 소식을 전해 들은 주산월은 제일 먼저 위장이 나쁜 데다 치아가 없는 손 선생의 식사를 걱정하였다 한다. 손 선생이 미결수로 서대문감옥에 있을 때에는 형무소 담 밑의 초가에 방 한 칸을 얻어 죽 밥을 차입할 정도로 지극정성이었다 하니 그것도 무리는 아니다.

1년 남짓 옥고를 치른 의암 선생이 인사불성이 되어 출감, 상춘원에 머물자 그녀는 침식을 잊어가면서 극진한 간호를 하였다. 그러나 그 정성에 보람도 없이 4개월 후 선생은 돌아가셨고, 주산월은 뜨거운 피눈물을 그의 무덤 위에 몇 번이고 뿌렸으니, 그때 그녀의 나이 29세였다.

의암 선생은 마지막 숨을 거둘 때 주위에 있던 사람들에게 그녀를 잘 보호하라는 뜻으로, 제대로 움직이지 않는 입술로 겨우 '보호'라는 외마디를 남기었다고 한다.

이것만 보더라도 손 선생의 주산월에 대한 사랑과 신망이 얼마나 두터웠으며, 주산월 역시 얼마나 성심성의껏 손 선생을 따랐는가를 짐작할 수 있다.

그 후 천도교 인사들이 그녀를 일본으로 유학 보내 도쿄여자영어학교를 다녔고, 귀국 후에는 의암 선생이 잠들어 계신 곁으로 돌아왔다. 그녀는 평생 독신으로 천도교 여자부 총무와 이어서 '여성회 본부' 회장을 맡아 일하면서 남은 여생 동안 손 선생의 묘소(현재 서울 강북구 우이동 254번지) '봉황각'을 떠나지 않았다고 한다.[21]

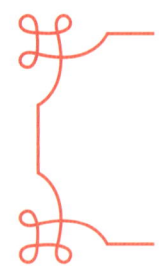

단발머리 남장소녀, 기생

강향란

[姜香蘭, 1900~?]

시대를 앞서간 단발, 강향란

당시 조선 여성의 복식은 신문물이 들어오는 과도기를 맞고 있었지만, 다분히 보수적인 경향을 쉽게 떨쳐내기는 힘들었다. 따라서 당시 여성의 단발한 모습은 드물고도 특이한 광경이었다. 더군다나 기생으로 단발한 모습을 한번 상상해 본다면 도무지 조각이 맞지 않는 퍼즐 같은 인상을 지우기 힘들 것이다.

강향란은 대구 출신으로 본명이 강석자(姜石子)이고, 14세에 기생이 되어 가야금, 병창, 법고, 정재무, 선남중리요(善南中俚謠) 등의 기예로 한남권번 소속 기생 중 으뜸으로 꼽혔다. 하지만 기생 강향란은 대담한 유행의 창조자이기도 하였다.

당시 조선에서 남자와 같이 살아보겠다는 사상과 이상을 가지고 머리를 깎은 여자는 강향란이 처음이었다고 한다. 그녀는 17세에 이미 서울 화류계에 이름이 높아서 화류계에 출입하는 남자로서 그녀를 알지 못하는 자가 없었으며, 그녀가 한 번 웃고 한 번 노래하는 모습은 여러 풍류남의 혼을 빼놓았다고 한다.

그녀가 비록 화류계에 몸을 던졌을지라도 사람으로 태어난 이상 단 하루를 살더라도 사람답고 의미 있게 살기 위해 많은 방황과 노력을 기울였음을 찾아볼 수 있다.

20세의 가을 어느 날 밤, 강향란은 시내 어느 요릿집에서 어떤 청년문사와 술을 마시고 달을 희롱하며 재미있게 이야기를 나누다 마침내 그 남자와 장래를 언약하고 그해 11월에 기생영업을 폐하였다.

그녀는 자신의 미래에 펼쳐질 행복을 기대하며 서울 적선동에 사는 김 씨라는 남자에게 열심히 글을 배웠다. 그러다 21세 9월에는 마침내 서울 누하동에 있는 배화여학교 보통과 4학년에 입학하였다. 화려한 장래를 꿈꾸는 마음에 열성과 성실로써 공부에 전념하였다.

남장하면서 학교를 다니다가 실연을 당하다

새 학기에는 우등 성적으로 그 학교 고등과 1학년에 진급한 강향란은 밤을 새우면서 힘써 공부하였지만, 22세에 놀연 실연을 당하게 되었다. 강향란은 이후에 살아갈 길이 막막하고 눈물과 한숨으로 가득한 거친 벌판 같은 자신의 미래를 비관하였다. 그래서 그녀의 집 주

단발한 강향란 사진

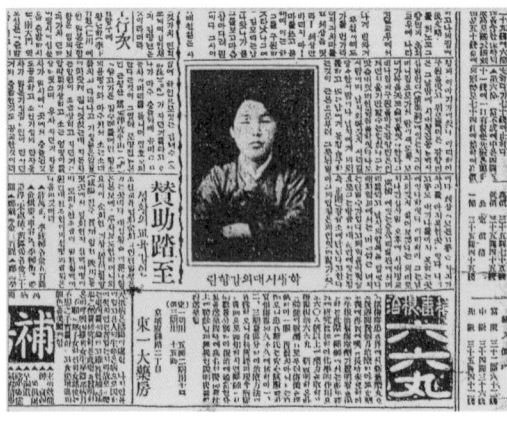

1920년대 기생 강향란
단발사건 관련
신문기사

인이었던 김충자라는 부인에게, "많은 사랑에 대하여 한 푼의 공로도 갚지 못하고 슬픔에 세상을 떠나니 어찌 죽어서도 올바른 귀신이 되겠습니까. 그러나 박명한 이 사람은 이 괴로운 세상에서 더 살아있을 수 없기에 최후의 생명을 끊으려고 주인 문을 떠납니다. 다만, 부탁할 것은 식비는 우리 집에서 정산할 터이니 염려 마시고 나의 행장은 다른 사람이 손대지 않게 하고 나의 집에 보내주십시오."라는 내용의 유서를 남기고 사라졌다. 그날 오후 10시에 강향란의 초췌한 그림자는 한강 철교 위에서 무정한 세상을 몇 번이고 저주하다가 '에라, 세상만사를 그만 단념하여 버리지. 아! 나는 죽는다.' 하고 치마를 쓰고 물로 뛰어 들어가려 하였다. 바로 그때 향란에게 글을 가르쳐 주던 김씨라는 남자가 한강에 산보를 나왔다가 물로 뛰어들려는 그녀를 보고 그녀의 치맛자락을 잡아당겨 극적으로 구원하게 되었다. 그녀는 그날 밤 서울 청진동에 있는 자기 어머니 집에서 밤이 새도록 모녀가 목을 놓고 슬피 울었다. 그녀는 마침내 '나도 사람이며 남자와 똑같이 당당한 사람이다. 남자에게 의뢰를 하고 또는 남에게 동정을 구하는 것이 근본부터 그릇된 일이다. 세상 모든 고통은 자기가 자기를 알지 못한 곳에 있다. 여자로서의 고통도 내가 나를 알지 못하는 곳에 있다.'고 여겨 남자와 같이 살아보겠다는 의미로 22세에 시내 광교에 있는 중국 이발관에서 머리를 깎고 남자의 양복을 입었다. 그런데 배화학교에서는 머리 깎은 여자는 다닐 수 없다 하여 그녀를 퇴학시켰고, 그녀는 다시 시내 정칙(正則) 강습소에 다니게 되었다.

몇 달 후에 상해로 가는 기선 쓰키고마루(築後丸)에는 검은 머리를 길게 기르고 양복을 입은 조선 청년 한 명이 올랐다. 겉으로는 남자와 같이 보이나 실상 어디인지 유순한 빛이 보이고 여자인 듯한 인상을 숨길 수는 없었다. 임검하는 경관이 자세히 조사해 보니 바로 23세 강향란이었다. 그녀는 그동안 도쿄에 가서 외국어학교에 입학하였으나, 별로 희망이 보이지 않자 다시 러시아말을 배우기 위해 상해로 가는 길이었다. 그 무렵 그녀의 사상은 잡지와 서적을 통하여 사회주의에 심취하는 중이었다.

하지만 상해로 건너갔다가 견디지 못하고 23세가 된 해 10월 중순에 서울에 돌아와 시내 경운동에 사는 그 아우로 남의 소실이 되어 있던 강선옥의 집에서 머물다가 또다시 양잿물을 먹고 자살을 시도하였다. 그러나 워낙 질긴 목숨이었던지 또 실패하고 신음하던 중에 세브란스 병원으로 옮겨져 생명을 다시 이어가게 되었다.

하지만 예사롭지 않은 외모를 지닌 그녀에게는 또 다른 소명이 있었던 것 같다. 28세의 강향란은 그녀 인생의 마지막 한 가지 길을 다시 걷게 되었는데, 그것은 바로 영화배우로서의 삶이었다. 당시 정기탁 감독의 신영화 '봉황의 면류관'에 박래품 아주머니 역을 맡아 출연한 바 있었다.

강향란의 인생 6막, 연극이 되다

훗날 사연 많던 그녀의 인생을 총 6막의 연극 프로그램으로 나누어 놓았던 것을 살펴보면 더 잘 드러나 있다.

  1. '공부막'
  당대 유수한 기상으로 모 청년의 도움을 받아 기생을 던지고 배

화학교에 들어 공부를 시작하던 '공부막'

2. '실연막'
공부하던 중 일 년이 다 못 되어 실연 소동을 일으켜 한강에 투신 소동을 하였던 '실연막'

3. '단발미인막'
여자로 굵게 살자면 남자만 못 하지 않다고 사회주의에 감염되어 머리를 깎고 남장을 하고 남학교에 출석하던 '단발미인막'

4. '자살막'
지금의 조선 여자란 꼭 세 가지 길이 있는 바 한 길은 민족을 위하여 독립운동에 헌신할 길, 한 길은 춤추고 노래하며 질탕히 놀아 볼 길, 또 한 길은 자살할 길, 세 길밖에 없는데 첫 길은 몸이 약하여 못 가겠고, 둘째 길은 기회가 많아 가본 길이라 다시 갈 수 없고, 나머지 셋째 길을 찾는 수밖에 없다고 음독하고 자살하려다 못 죽고 살아난 '자살막'

5. '방랑막'
상해, 일본 등지로 무턱대고 돌아다니던 '방랑막'

6. '배우막'
맨 끝으로 시금에 영화계로 나선 '배우막'

당시 그녀는 당시 자신의 영화출연에 대하여 이렇게 말하고 있다.
"이번이 읽은 정기탁 외 몇 사람의 청으로 나갔고, 만들 영화가 계림회사의 것이 아니오, 정기탁 개인의 힘으로 만드는 것이라기에, 그들을 돕기 위하여 원조로 출연한 것입니다. 아예 영화배우로 나선 것은 아니지요. 잠시지요. 그러나 마음만 내키면 이번 영화 말고라도 출연하여 보지요. 실상은 누가 돈 벌 것만 얻어 준다면 좋겠는데요."

일찍이 조선에서 중노릇을 하는 여자 이외에 머리를 깎은 여자는 한 사람도 없었다고 한다. 그래서 훗날 강향란에게는 조선단발미인의 비조라는 호칭이 으레 따라다녔고, 그녀가 사회주의를 옹호하게 되었을 때에도 사람들은 그녀의 단발머리를 떠올리며 고개를 끄덕여 주었을는지도 모른다. 하지만 그녀에게도 여자로서의 사랑이 있었고, 실연이 있었고, 그것으로 인한 자살시도도 있었다. 단발머리와 남장에 숨겨져 있었을 뿐, 그녀는 여자였던 것이다.[22]

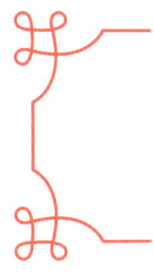 

그윽한 난초 향기, 기생
이난향
[李蘭香, 1900~1979]

평양 노래서재 출신 이난향

'기생 인물사'에서 기초 자료가 신문의 연재된 회고의 글이다. 지난 세월을 술회하는 글쓰기를 전형적으로 보여주는 이가 바로 기생 이난향이다.

이난향은 평양 출신으로 본명이 이선비(李仙妃)이고, 대정권번 소속 기생 중에 가장 인기 있는 기생이었다. 후에 조선권번으로 옮기게 된다. 1남 3녀 중의 막내로 태어났으며, 부친이 좌수(座首) 벼슬이었기 때문에 집안 살림이 넉넉한 편이었다. 그러나 물산 객주업을 하다 실패하자 집안이 기울었고, 오빠와 언니들이 모두 결혼한 후 모친은 그녀를 의지해 살기 위해 12살에 기생양성소라고 볼 수 있는 평양의 이름난 노래서재에 보냈다. 이것이 그녀가 기생으로서 첫발을 딛게 된 동기였다.

13세에 상경하여 다동기생조합 소속의 기생이 되는데, 순종 임금

앞에서 진연(進宴)에 참여하게 된다. 그 후 대정권번이 만들어지고 하규일에 의해 다양한 기예를 연마하게 되는데, 가사·시조·경·서잡가·양금·검무·승무·정재46종무·서양무도·내지무·샤미센·무태가 절묘하다고 알려져 있다. 특히 정재무(呈才舞)는 궁중무용으로 민간에서 연희되던 민속무용과 대응하는 춤이었다. 또 드물게 일본의 전통 현악기 샤미센을 연주할 줄 알고, 거기에 맞추어 가무를 할 수 있었던 점은 조선 명기 중에서도 특별한 경우였다.

그리하여 춤 잘 추고 노래 잘하고 양금 잘 띄우기로 소문이 나서 그 당시 장안의 남자들은 모르는 이가 거의 없었다. 더욱이 그녀는 얼굴 예쁘고 목소리도 고울뿐더러 하나를 물으면 열을 아는 재주 덩어리였으니, 돈이 있는 남자든 글을 좀 아는 남자든 오로지 이난향만을 불러댔다고 한다.

권번 기생의 전성기에 우뚝 서다

1923년 조선물산공진회에서 '사람찾기'라는 여흥 순서의 주인공이 되기도 하였다.

그런데 난향이 기적에 몸을 담은 지 15년째 되던 해 그녀의 나이 31세가 되자 매일신보 남상일 정치부장과 성대한 혼례를 치르고 1979년 79세 나이에 세상을 떠났다. 그녀는 들어앉아 살림을 하고 있었지만 방송을 특청하였을 때, 퇴역 명인으로서 "하도 오래 노래를 놓아서 학감 하규일에게 노래를 깎여야 하겠다."면서 경성 라디오에 출연한 적이 있다.

기생 이난향의 사진들

그 후 그녀는 아들딸 많이 낳고 무심한 세월을 손꼽으며 양갓집의 할머니로 늙어갔다고 한다.

여기서 당시 저명인사들에 대한 난향의 인상과 의견을 찾아볼 수 있는데 솔직하고 세심한 그녀의 성격을 엿볼 수 있다. '복덕방 목침' 같다던 육당 최남선, 거액의 수표책을 들고 다니던 영국 신사 장택상, 붓을 입에 물고 기생의 치마폭에 시를 쓰던 명필 송영기, 자신의 시 '논개'의 이야기를 들려주던 자상한 시인 수주 변영로 등 1930년대 전후의 명사들을 한자리에서 만나볼 수 있는 좋은 자료이기도 하다.[23]

그녀는 1970년 12월부터 1971년 1월까지 총 21회분 「명월관」이란 제목의 연재물을 『중앙일보-남기고 싶은 이야기』에 게재하여 당시 상황을 회고 형식으로 술회하였다.

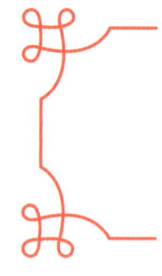 

기생 생활 23년의 자서전, 기생

백모란

[白牧丹, 1905~?]

파란만장한 기생의 자전적 이야기

근대 조선 기생들의 파란 많은 생애들을 더듬어가다 무려 23년 동안이나 기생 노릇을 하였다는 한성권번 기생 백모란을 만나게 되면, 그녀의 지친 인생 속으로 빠져들 것 같은 느낌을 받게 됩니다.

모란의 어머니는 개성에서 소문난 백 진사의 양첩으로 들어가 모란을 낳고 무던히 살았답니다. 그런데 아버지가 빚에 몰리면서 극심한 생활고로 인해 열한 살 무렵부터 기생 노릇을 시작하였고, 모란은 열세 살의 나이에 서른이 넘은 박필호에게 시집을 갔습니다. 박 씨가 죽고 열여덟에 다시 강석후와 살림을 차렸으나, 3년 만에 전 재산 6만 원을 고스란히 날리고 다시 최 씨라는 사람을 만납니다. 하지만 그도 돈만 떼고 요절해 버렸습니다. 그 후 또 박 씨라는 사람과 살림을 차렸지만 역시 사랑에 속고 돈에 울어야 했던 모란은 몸도 마음도 극도로 피폐하여 자살 직전까지 다다른 자

포자기 상태가 되었습니다. 그래도 그녀는 기생노릇을 그만두지 않고 있다고 그녀의 기생 생활 23년을 돌아보는 자서전에 남겼습니다. 그것은 기구한 팔자 중에도 그녀를 동정해 주는 사람들의 힘이라고도 말합니다. 하지만 그녀의 그런 질긴 삶 속에서 동정보다는 그녀를 수없이 다치게 하였던 각박한 세상에 한숨짓게 됩니다. 그 내용을 직접 들어 봅니다.

> 나의 기생 노릇 23년이란 것은 일찍이 조선 기생에게서 들어보지 못한 일이요, 앞으로 있을 수 없는 기나긴 기생 생활이었으니 그동안에 파란중첩한 역사야말로 어찌 입으로 다 말할 수 있으며 붓으로 다 기록할 수 있겠습니까?
>
> 그동안에 눈물겨운 일도 많았고 분하고 억울한 일이 많았던 것은 기생과 놀아본 분들은 잘 알 수 있는 일이요. 그중에서도 몇 번이나 이 세상을 떠나 일찍이 남은 고생이나 더하지 않겠다는 생각으로 자결하려던 때도 한두 번이 아니었습니다. 이제 그 같은 기나긴 기생 생활의 과거를 들어서 세상에 하소연이나 하여 볼까 합니다.

어렸을 때

나의 어머니는 경성, 아버지는 개성 어른인데 어머니가 열다섯 살 때에 개성에서 유소문한 백진사에게 앙첩으로 들어가서 나를 낳았으니 나의 아버지인 백진사가 어머니에게 양첩 장가를 들기는 슬하에 자녀가 없어서 아들이나 하나 낳아 볼까 하는 마음으로 장가든 것이나 하나만 낳고 말았습니다.

그때는 아버지가 경성에 계시었는데 나를 낳은 후 아버지만 개성으로 가시었고 어머니는 내 나이 네 살 되는 해에 시집인 개성으로 아버지를 따라갔습니다. 그래서 아버지는 개성에 따로 조그마한 집 한 채를 장만하여 어머니와 나 모녀를 살게 하였습니다. 그러나 아버지는 근본이 놀기를 좋아하는 분으로 방랑성이 있어 내 나이 두 살 되는 해에 아버지는 어느 내지인에게서 빚을 얻어 쓰고 갚지 못하여 큰집 식구나 우리 모녀가 사는 집까지 빼앗기고 큰집 식구나 우리 모녀가 모두 길거리로 쫓겨나고 말았습니다.

그래서 어머니는 어린 나를 데리고 이집 저집으로 침모로 다니었습니다. 그러자니 혼자 몸도 아니고 젖먹이인 나를 데리고 침모 노릇을 하는 그 고생이 오죽하시었겠습니까? 그러구러 몇 해 지낸 후 내 나이 열 살 되는 해에 전에 아버지와 친히 지내던 장상득이란 노인이 어머니에게 나를 기르기에 고생이 될 터이니 자기에게 양딸로 주면 고이 길러서 기생을 넣어 호강시키겠노라 하며 자꾸 졸라댔습니다. 그래서 어머니는 그 장 노인을 믿는 터이오, 나도 고생을 덜 시키려고 그 노인에게 내어주었습니다. 그래서 어머니는 홀로 침모로 다니고 나는 그 노인에게 가서 소리를 배우기 시작하였습니다.

그때까지 나의 이름은 백점복이었습니다. 그러나 그 장 노인은 나를 데려다가 소리를 가르치기는 하였으나 일방으로는 고용녀 모양으로 함부로 부려 먹으니 고용살이하랴 소리 배우랴 그때의 고생이야말로 넌덜머리가 나도록 심하였습니다. 그러한 고생을 하는 동안 나의 소리는 천재라는 이름을 들었습니다.

그래서 내가 완전히 기생으로 나서기는 열한 살부터인데 그때부터 이름을 백모란이라고 하였습니다. 그러나 내가 기생으로 나선 후로는 일가집에서 반대를 하다 못하여 구박이 자심하기 시작하므로 힘들었고, 성이 백씨 이외에 또 다른 진씨 수양아버지 때문에 '진모란'이라고 성까지 고쳤습니다.

그러나 기생이 된 후까지도 장 노인은 나에게 여전히 몹시굴어서 어머니는 곧 장 노인에게서 나를 찾아가려고 하니 장 노인은 몇 해 동안 먹여 기르고 소리까지 가르쳤으니 그때 돈으로 만 냥을 달라고 하며 나를 내놓지 않아 그때 관헌의 힘으로 무사히 어머니에게로 갔습니다. 그러나 어머니에게로 간 후에는 몸의 고생은 덜하나 역시 어머니도 벌어 놓은 것이 없어서 먹고 살기에 매우 고생스러웠습니다. 그러던 차에 개성에서 한 오륙십 리 떨어진 양압이라는 곳에 가서 얼마 동안 지내다가 그때 나이 30이 넘은 박필호라는 사람이 나의 머리를 얹어 주었는데 그때의 내 나이는 열세 살이어서 지금 생각해도 참으로 깜직스러운 어린 기생이었습니다. 그때 박 씨는 나의 머리를 얹어 주고 장 노인에게는 나를 길러준 공으로 돈 백 원을 주었답니다. 그러나 무슨 운명의 장난인지 박 씨는 그만 죽고 나는 개성에 더 있을 수 없어서 열여섯 살 때에 경성으로 올라왔으니 개성에서 진모란이 진모란이 하며 한동안 불리던 내가 경성에 올라온 후 몇 해 안 되어서 스물한 살 때에 비로소 백가(白哥) 성을 다시 찾아 지금과 같이 경성의 백모란으로 행세하기 시작하여 지금까지 이 이름으로 있는 것입니다.

불량자 만나 육만 원을 먹혀

그 후 내 나이 열여덟 살 되는 해에 강석후라는 사나이를 만나서 살림을 하게 되었는데 불과 3년간 사는 동안에 내가 그때까지 기생 노릇하여 번 돈 현금과 부동산을 합해서 육만 원을 고스란히 먹히었습니다.

한창 벌어 논 그 재산을 없애고 그만 화병이 나서 이 세상을 떠나 버리라고 몇 번이나 시도했으나 그도 뜻대로 못 하고 다시 구차한 살림을 하게 되었으니 그때는 어머니에게도 고생이 도로 닥치어서 근근이 셋집 하나를 얻어서 다른 집 아이들을 데리고 가무를 가르치고 그럭저럭 지냈습니다.

그러나 내 가슴에 맺힌 한은 기어이 성병(成病)이 되어 그해 팔월에는 병원에 입원하지 않고는 살아날 도리가 없을 만큼 중태에 이르렀습니다. 그 병에 그대로 죽어버렸으면 만사가 태평이라는 생각이 간절하였으나 무남독녀인 나의 생명을 건져 주기 위하여 애를 쓰고 있는 어머니의 정성이 오히려 병자인 나보다도 더 가여웠습니다. 그렇다고 무슨 돈이 있어서 병원에 입원을 할 수 있을까? 다만 병만 더욱 위중할 뿐 별도리가 없었습니다. 그러던 차에 전부터 잘 알던 이 주사라는 분이 있는데 소식을 알고 달려와서 팔월부터 다섯 달 동안이나 입원을 시켜주어서 겨우 생명을 건져 퇴원하였는데 그렇다고 기생으로 다시 낫기는 몸의 건강이 너무도 용서치 않았습니다.

그래서 생활은 여전히 꼴이 아니었는데 그 이 주사라는 분이 병원 입원료를 부담한 외에 또 내 몸이 완쾌되어 다시 기생으로 나서게 될 때까지 생활비, 약값 등 수백 원을 대주어서 나는 그야말로 재생하였습니다. 지금 생각해도 그 이 주사의 은혜를 잊기 어렵습니다. 그뿐 아니라 그때 서울 오궁골에 삽십 원짜리 전체 셋집까지 얻어주어서 우리 살림은 다소 형편이 피게 되었습니다. 그러자니 강과는 물론 헤어졌습니다.

세 번째 만난 사나이

그 후 나는 몸이 완쾌되어 다시 기생으로 나서게 되었으니 놀음에 불리는 것은 웬일인지 한층 더하여 경성 기생에 대한 인기는 모두 차지한 것 같았습니다. 그러는 중에 나는 다시 돈 만 원이나 벌어서 다소 옹색은 면하게 되었는데 세 번째로 최 씨라는 나이 30세가량 된 사나이가 나타나서 같이 살자 하며 매일 같이 졸랐습니다.

한번 놀란 가슴이라 다시는 살림을 말리라고 굳게 먹은 마음도 없지는 아니하나 그를 보아하니 사람답기도 하고 그의 경제력도 우리 모녀쯤은 생활 시켜줄 만한 사람이므로 그대로 살기를 허락하였습니다. 그리하여 그와 살기 시작하였을 때는 그도 생활비를 대어주어 비교적 원만히 지냈는데 최 씨가 대금업자라 돈을 너무 잘 알기에 얼마 동안 생활비를 주었으나, 하루는 어디 값싼 땅(논)이 있으니 그것을 사되 돈이 모자라면 자기가 사서 수마 하기에 그 말을 믿고 돈 만 원이나 되는 것을 내주었습니다.

이것이 내 가슴에 두 번째 못을 박아 주는 것인 줄 어찌 알겠습니까. 그 최 씨는 나에게서 땅 사주마고 돈을 받아 간 후로는 전일 자기가 생활비를 대주며 다닐 때와 아주 딴판으로 뜸하여졌을 뿐만 아니라 그가 가져간 돈도 어디다 썼는지 땅 산다는 것은 차일피일하고 미뤄오기만 하더니 그 후 얼마 아니 되어서는 그의 얼굴조차 볼 수가 없었습니다. 그는 아직도 한창 살 나이에 요절하고 말았던 것입니다.

이리하여 나는 두 번이나 사람답지 못한 사나이들에게 물질, 정신, 육체의 모든 희생을 당하고 말았습니다. 이때 나의 고통이야 어떠했겠습니까? 다시는 어떠한 사나이하고라도 살림을 않겠다는 맹세를 한 것은 물론이지만 나의 직업인 기생 노릇까지 그만두어 버리려는 생각이 불현듯이 일어나고 자꾸 세상에 대한 비관만 생기어 사람 꼴만 못 되어 갈 뿐이었습니다. 그러자니 무남독녀인 나만 바라고 홀로 계신 어머니의 마음은 어떠하셨겠습니까? 그래서 나는 내 몸을 위하여서야 더 무슨 여망을 가지고 살 마음이 있겠습니까마는 다만 홀로 계신 어머니의 여생이나 더 괴롭게 하지 않기 위하여 나는 그때 뭇 사나이를 저주하다시피 원망도 하며 더욱 돈 벌기에만 힘썼습니다.

끔찍한 5년 전 일

그 후 어머니는 개성에 계셨고 나만 경성에서 기생노릇을 하고 있는데 사람의 운명이란 어찌할 수 없는 것이오. 나같이 박명한 사람의 팔자라는 것은 아무리 좋은 때를 기다려도 돌아올 것 같지 않았습니다. 다만 수많은 기생 중에서 가장 많이 불리고 수입도 마음에 부족을 느끼지 않을 만큼 되니까 그것으로 스스로 위안을 삼고 지낼 뿐이었습니다. 그래서 최 씨가 죽은 후 지금으로부터 5년 전에는 다시 2만 원에 가까운 돈을 모아 집칸도 장만하고 세간도 차려 놓아 나의 생활은 다시 윤택하게 되었습니다. 그래서 그때 나의 생각에는 아무리 몇 차례나 사람답지 아니한 사나이에게 속은 일이 있다 하더라도 그때는 내 몸이 남의 첩이었고 세상에 대하여 호기스러운 말을 하지 못할 형편이었으니까 그같이 불행한 일을 당하였으나 내가 몸은 기생이라도 한 번 정당한 가정을 일구어 살면 주위에서 없이 여길 사람도 없을 것이며 나의 장래도 바로 잡어질 것이니 어떤 참다운 홀아비라도 만나서 살림을 하여 보았으면 하는 생각과 또는 내 몸이 열한 살부터 나이 삼십이 되도록 이십 년 동안이나 기생노릇을 하게 되었으니 기생노릇이라면 이에서 신물이 날 지경이라 기생도 면하여 볼 겸하여 어느 동무에게 지나가는 말로 참된 살림을 하여 보겠노라 한 것이 차차 말이 퍼져서 전라도 사람 박모라는 이를 알게 되어서 살게 되었는데 그때는 나도 그를 믿고 그도 나를 정실 아내나 다름없이 알아주어서 나는 이제부터 행복된 생활을 할 수 있겠거니 하였습니다.

이러한 소식을 개성에 계신 어머니에게 알리었을 때 어머니의 기쁨이야 어떠하시었겠습니까? 그러나 한 가지 박 씨에게 대한 의심은 처음 만날 때는 자기가 홀아비로서 처자도 없는 몸이니 민적을 하자 해 놓고 살림을 시작한 후에는 그에 대한 이야기를 조금도 입 밖에 내놓지 않아서 나는 그대로 민적을 하자고 졸라 보았습니다.

그러나 그는 끝끝내 이 핑계 저 핑계로 미루어 오며 무엇을 하겠네 무엇을 하겠네 하고는 먼저 만났던 누 사람 모양으로 한 푼 두 푼씩 가져가기 시작하더니 어느결에 현금을 모두 없애고 집까지 나의 도장을 위조하여 잡아 먹혔습니다. 또다시 청천벽력을 만난 듯이 정신이 아찔해지고 속았구나 하는 생각이 들 때 그 집에 그대로 참고 박혀 있을 수는 없었습니다.

그래서 그와 더는 살림을 계속할 수 없는 형편이니 차라리 갈라서 자고 하였더니 그는 그제야 무슨 생각을 하였던지 자꾸 민적을 하자고 오히려 졸라댔습니다. 그러나 나는 그에게 민적을 하여 주면 그는 또 어떠한 짓을 할는지 몰라 겁이 덜컥 났습니다. 민적을 하자고 조르는 그의 얼굴은 보기만 하여도 몸서리가 처질 만큼 흉하게 보였습니다. 곧 개성 어머니에게로 가서 몸부림을 하고 자결이라도 하려고 하였고, 이제 더 참을 수 없을 만큼 고통이 심하여 어머니가 말리는 것도 동무들이 위로해 주는 것도 모두 귀찮고 귀에 들어오지를 않았습니다.

그러나 내가 죽으면 나도 따라 죽겠다 하며 한사하고 말리시는 데는 나도 도척이 아닌 담에야 더 고집을 쓸 수도 없어서 그대로 어머니를 위로시키고 경성으로 와서 살던 집으로 가보니 이게 웬일입니까. 내가 어머니에게로 갈 때까지도 추근추근이 자기의 잘못을 뉘우치고 민적만 하면 어떻게 하든지 참다운 직업을 얻어서 살아 보겠다고 하던 그가 나 없는 새에 집물을 하나도 남겨 놓지 않고 다 팔아 가지고 달아나 버렸습니다.

그래서 나는 세 번째 못된 사나이에게 속은 몸이 되었고 그나마 몸 둘 곳조차 없는 몸이 되었습니다. 그러나 그 같이 팔자가 기구한 중에도 나를 동정하여 주는 사람이 있어서 다시 살림의 끈을 잡고 다시 기생으로 나서서 연명하여 온 것이 오늘날까지 기생 노릇을 계속하게 된 것입니다.[24]

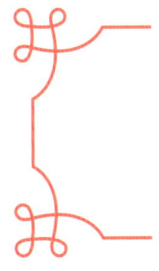

미스조선 기생
박온실
[朴溫實, ?~?]

우리나라에서는 여성을 상품화하는 '미스코리아' 선발대회를 비판하며 만든 '안티미스코리아페스티벌'이 열리고 있는 실정입니다. 미스코리아 선발대회가 지상파 무대에서 사라진 지 오래되었습니다. 이제는 케이블TV에서나 볼 수 있을 정도입니다. 미스코리아 선발대회는 지난 1972년부터 지상파를 통해 생중계됐으나 2002년부터 방송사를 한 곳도 잡지 못해, 케이블 텔레비전이나 인터넷에서만 볼 수 있습니다.

'미스조선'으로 선정된 사진

지난 1957년 5월 19일 한국일보사의 주관하에 제1회 미스코리아 선발대회 행사가 시작된 이후, 현재 미스코리아 선발대회의 역사는 1940년 〈모던일본〉 조선판 주최 미스조선 〈박온실〉에서 찾아야 합니다. 당시 〈미스조선〉은 일본과 조선에서 동시에 사진으로만 심사가 이루어졌습니다. 〈미스조선〉에게 수여되는 상패는 '은제 깁 미스조선상'이었습니다. 물론 조선 의상도 화신(和信), 기네보의 후원으로 기증

받았다고 합니다.

⟨미스조선_박온실⟩

주소 : 평양부 모란대 오마키차야

나이 : 1921년생 (당시 19세)

신장 : 157cm

체중 : 45kg

추천 : 구보(久保)

⟨미스조선⟩에 이어 ⟨준 미스조선⟩으로 정온녀, 이순진, 김영애 등이 선발되었다고 합니다. ⟨미스조선 박온실⟩의 심사평은 참 이채롭습니다.[25]

- 안석영, "박온실 양은 촬영기술이 다소 실물을 망친 듯하지만 조선의 여인으로서 손색없는 아름다움을 지니고 있다고 생각한다. 조선의 하늘처럼 언제나 청명한 기분, 전통적인 미소를 지니고 있다. 단 귀가 좀 걸리지만…"

- 모리 이와오, "박온실 양은 조선의 옛 도자기와 같은 아름다움. 미스조선으로는 조선의 전통적인 아름다움을 구현하고 있는 박온실 양이 적합하다고 생각한다."

- 기쿠치 간, "나는 박온실을 미스조선에 추천한다. 조선의 고전미라고 할 수 있는 청초한 아름다움이 좋다."

- 구메 마사오, "전체적으로 청초하고, 연분홍빛 느낌이 물씬 나

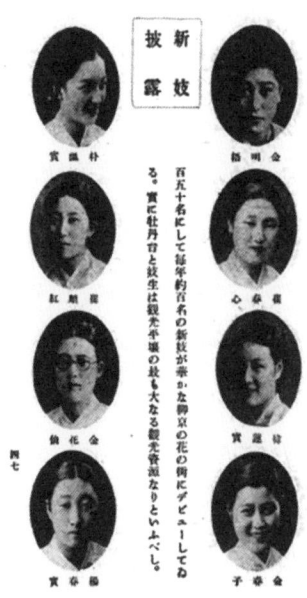

『유경의화(柳京の話)』의
기생 박온실 등 7인 도판

는 박온실을 추천한다. 눈썹과 눈썹 사이가 넓은 것이 오히려 포용력이 있고 누구에게나 호감을 줄 것 같은 이미지라 좋다."

- 이하라 우사부로, "'미스조선' 후보의 아리따운 사진이 도착하던 날, 조선에 있는 듯한 기분으로 사진을 몇 번이고 보았는데 상당히 고민한 끝에 박온실 씨에게 최고점을 드리기로 결심했다. 조선의 미인 중에는 내지인에게는 찾아볼 수 없는 고운 피부와 기품이 넘치는 분이 있는데 이 박온실 씨도 사진으로는 좀 엿보기 어렵기는 하지만 선천적으로 그런 기질을 지닌 분인 것 같고 누구나가 단단히 묶으려고 하는 가슴의 리본을 여유 있게 묶고 있는 데에서도 온화한 성품이 느껴진다. 머리모양도 인위적이지 않고 자연스러운 면에 호의가 느껴진다."

1957년 첫 대회보다 17년 전에 직접 대면 심사는 아니지만, 사진으로 엄연하게 〈미스조선〉을 뽑았습니다. 더구나 당시는 남북한을 포함하고 일본에 사는 조선 여성도 참여했으니 명실공히 지금의 〈미스 통일한국〉인 셈입니다. 그 후 1972년에 처음 미스코리아 선발대회가 생중계되었습니다. 지상파의 붙박이 프로그램 가운데 하나였습니다. 거의 30년 동안 방송사를 바꿔가며 한 해도 거르지 않고 전파를 탔습니다. '한국 최고의 미인을 뽑는 잔치'라는 선전에 걸맞게 방송사들은 독점중계권을 따기 위해 치열한 경쟁을 벌이기도 했습니다. 그러나 2001년 대회를 끝으로 상황이 달라졌습니다. "공중파가 여성의 상품화를 조장한다"는 비판이 제기되면서 방송사들의 입지가 좁아졌습니다. 미스코리아 선발대회의 형식과 내용이 고리타분한 것도 방송사들의 입맛을 끌지 못했습니다.

　미스코리아 선발대회가 이처럼 지상파의 홀대를 받게 된 데는 여성단체의 힘이 컸습니다. "여성을 상품화한다"는 이유로 지상파의 중계방송을 반대해 온 여성단체들은 1999년부터 '안티미스코리아 선발대회'까지 개최하며 방송사를 압박했습니다. 정치권에서도 "공공의 재산인 지상파를 미스코리아 중계에 쓰는 것은 옳지 않다"는 지적이 잇따랐습니다.

　『유경의화(柳京の話)』에 수록된 기생들의 도판 사진 중에 '미스조선' 대회의 우승자였던 '박온실(朴溫實)'이 기생이었다는 증거 사진이 처음 등장한 자료로 새삼 새롭습니다. 박온실은 평양 기생입니다. 1930년대 일제강점기에 우리나라를 방문하는 관광단이 가장 보고 싶어 하는 것 중의 하나가 기생이었습니다. 당시 '조선색 농후한 전통적 미를 가진 기생'을 볼 수 있는 곳은 평양 기생학교뿐이라고 해도 과언이 아

니었습니다. 일본인들까지도 아름다운 평양 기생의 공연을 보기 위해 '기생학교'를 관광 일정에 꼭 포함시키기도 하였습니다.

제2부

일제강점기
기생과 함께 보이는 것들

01

―

기생 사진엽서

일제강점기 최고 히트상품, 기생 사진엽서

회화의 복제 수단으로 발명된 사진은 가독성 있는 어떠한 텍스트보다 넓은 파급력을 지닌 시각 이미지이다. 사진은 근대 문명의 산물인 동시에 전파자였다. 사진으로 각종 인쇄물이 실려 팔려 나가기 시작한 것이다. 또한 근대 리얼리티를 표현한 이미지로 과학과 예술의 경계에 서게 된다.

19세기 사진이 담은 풍경 중 제국주의 국민들의 가장 큰 관심을 끈 것은 단연 식민지인을 부각시킨 이미지들이었다. 서구 중심적 시선이 만들어낸 이 이미지들은 반복적으로 상품화되었다. 우리에게는 사진의 역사상 피사체가 사물의 풍경에서 인물로 옮겨가는 시기가 1900년대에 들어와서부터이다. 1900년대에 사진의 본격적인 도입과 기술적인 보급이 제대로 이루어지기 시작했다. 이 시기는 청일전쟁 이후 일본인들의 사진관이 조선 땅 여러 곳에 생긴 후이다. 일본인 영업사진사들이 경성과 평양 그리고 지방 각지에 사진관을 차렸다. 마침내 일본의 사진관에 가서 1년 동안 사진술을 배운 서화가 김규진(金圭鎭)이 석정동(石井洞)에 천연당(天然堂) 사진관을 차리기도 하였다.

1920년대 일제강점기, 조선의

춘앵전 춤사위를 보이는 기생

영업 사진계의 상권을 독차지한 일본인들은 조선 관기 사진을 찍기 시작했다. 관기, 즉 궁중 또는 관아에 소속된 기생은 영업 사진으로 찍기에 아주 좋은 조건의 대상이었다. 8장으로 된 1세트의 사진엽서는 불티나게 잘 팔렸다. 요즈음으로 말하면 연예인 브로마이드였다. 사실 사진엽서는 1904년 9월 일본 체신성에서 러일전쟁 전승기념으로 발매되기 시작하였다. 이를 계기로 사진엽서 붐이 일었다. 판매점이 급증했을 뿐 아니라 사진엽서를 교환하는 전람회까지 열렸다.

그 당시 사진들은 흑백 혹은 단색사진인데, 채색된 것은 흑백사진을 찍은 후에 인화 과정에서 색을 입힌 것으로, 요즈음의 컬러사진과는 다르다. 권번의 기생 사진은 원판 흑백사진으로 제작하였다. 이를 토대로 다양한 사진엽서가 제작되었다고 유추할 수 있다. 이는 사진

A형 원판 흑백사진

B형 다른 각도 흑백사진

C형 채색 컬러사진

D형 다른 각도 흑백 그림엽서

을 분석하면 추측이 가능하다.

A형은 경복궁을 배경으로 두 명의 기생이 등장하는 흑백 원판사진인데, 이를 B형의 다른 각도 흑백사진과 비교하면 같은 장소와 인물임을 알 수 있다. C형은 채색된 컬러사진으로, A형의 원판 흑백사진과 같은 구도이며, 인물의 자세도 같다. D형은 B형의 다른 각도 흑백사진을 편집하여, 그림엽서로 만들어 판매하거나 홍보하는 데 사용한 것이다.

사진엽서 속에 나타난 기생 이미지를 통해 한복을 입은 여인으로 대표되는 '조선 전통'의 이미지가 일본의 조선 타자화 과정에서 만들어진다. 동시에 이미지가 일제의 맥락뿐 아니라, 여성과 남성이라는 성(性)의 맥락 속에서 근대적 볼거리의 대상물이 되어 가는 이중의 질곡을 지닌다.

기생 사진엽서 8장 세트 판매

차츰 조선 현지에서도 이러한 엽서를 제작하기 시작하면서, 조선에 온 일본인 관광객들은 이 기생 사진을 조선의 토산품 가게에서 손쉽게 사 가지고 갔다. 사진이 도입되는 초창기에 카메라 앞에 무표정한 모습으로 서 있던 기생들은 시대가 내려올수록 친근한 미소를 지으며, 다양한 포즈로 자신을 드러낸다. 그리고 1920년대, 1930년대로 오면서 차츰 '조선풍속'이나 '기생'이란 제목 자체가 사라진다. 이어 기생의 이름이 쓰인 사진엽서가 나오기 시작한다. 엽서 한 장에는 한 사람의 기생을 클로즈업해서 찍은 사진이 담겨 있다.

기생들의 사진엽서는 '평양기생학교 회엽서(繪葉書)', '기생 사진', '기생언자(妓生嫣姿, 기생의 웃는 모습)', '청초 우아 조선미인집', '기생염자팔태(妓生艶姿八態)', '조선풍속기생' 등이라는 표제가 쓰인 봉투에 8장씩 세트로 된 회엽서로 만들어졌다. 엽서 한 장에 기생 한 사람을 찍어, 그것을 세트 사진으로 판매하는 방식이었다. 이른바 브로마이드 사진이 아사쿠사의 마루베르당에 의해 상품화되어, '브로마이드'라는 상품명이 정착한 1920년 이후에는 이러한 세트 사진이 급속도로 확산·발전됐다. 따라서 이 엽서 세트는, 오늘날 연예인 스타의 모습을 담은 엽서만 한 사진의 한국판 선조쯤 될 것이다.

사진엽서는 그것을 생산한 당시의 사회·문화적 배경을 '있는 그대로' 반영한다. 여성으로서 기생이 등장하는 사진은 대부분 일제강점기에 대량으로 생산된 우편엽서들이다. 관광용 사진엽서는 19세기에 등장한 근대적 관광산업의 부산물임과 동시에 사진과 인쇄기술이 결합된 최초의 복제품이라 할 수 있다. 기생이 등장한 사진과 사진엽서는 사실적인 이미지를 통해 대중들에게 한눈에 볼 수 있고, 소유할 수 있는 기회를 제공했다는 점에서, 새로운 차원의 근대적 시각 이미지였다.

특히 식민지의 문화와 풍속을 담은 관광용 사진엽서는 그것을 만든 일본 제국주의의 일방적인 시각과 관광산업의 전략을 드러낸 것이었다. 사진엽서의 표제 표기가 영어와 일본어인 것을 미루어 보아 엽서의 제작자, 소비자는

아름다운 기생 엽서 봉투

기생 팔태(妓生八態) 엽서 봉투

당시 제국주의 국가들이었음을 알 수 있다.

1930년대가 되자 전성기를 맞은 영업 사진사들이 기생의 사진을 찍어 대량 생산하는 사진 그림엽서를 제작하게 된다. 현재 남아있는 기생 사진은 3,000여 종 정도로 추산된다. 주로 기생 사진 원본은 수집가들에 의해 차츰 그 전모가 확인되고 있는 실정이다. 기생 사진은 일제강점기 사진기록학적 의미가 크다 하겠다.

제국주의와 히노데상행의 기생 사진엽서

1890년대 전후 일본 최고의 관광 상품으로 전 세계로 수출되었던 풍속 사진엽서는 주로 요코하마(橫濱)를 중심으로 다이쇼(大正) 사진공예소와 히노데상행(日之出商行)에서 많이 생산·발행되었다. 특히, 히노데상행은 현재 발견되고 있는 사진엽서의 대부분을 차지할 정도로 상당히 번성한다. 기록에 의하면, "하루 판매량이 1만 매를 웃돌고, 원판의 가지 수가 명소 700종, 풍속 600종에 달하며, 인쇄공장은 직영과 전속을 합해 4개소를 보유하고 있으나, 지금까지 제품이 부족할 정도로 성황을 이루고 있다."고 하였다.

요코하마 사진에서 서양인들의 이국적인 취향을 가장 많이 자극했던 인기품목 중 하나가 예기사진이었다. '조선풍속'이라는 제목 아래에 조선의 무용수로, 악기 연주자로, 미녀로 다양하게 연출된 기생 이미지는 일본인 관광객들의 인기상품이었다. 외국인 중에는 조선 기생

미사용 기생 그림엽서

사진엽서를 수집하는 이도 생겨났다.

사진엽서 하단에 있는 '(イ148), (ロ158), (ハ168)……'은 우리나라의 '(갑 148), (을 158), (병 168)……'에 해당하는 나열 순서를 표시하는 기호로, 하나하나 분류항목을 나타내고 있다. 대략 분류코드가 600종 이상으로 확인된다. 분류코드가 없는 것까지 포함하면 수천 종의 사진엽서가 제작되어 판매되었다.

사진엽서의 생산 배경에 접근하기 위해서는 제국주의와 식민지에 대한 고민이 필수적이다. 사진엽서가 생산되기 시작하는 시기는 서구의 제국주의가 전 세계적으로 번져가고 있을 때이다. 일제강점기에 일본은 서구 제국주의의 인쇄산업을 이용하지 않았다. 자국의 인쇄산업을 통해 당시 식민지인 조선과 만주, 대만에서 그 영역을 확장시켰다. 제국주의 국가들의 세력 판도와 사진엽서의 생산과 유통 범위는 거의 일치하고 있다.

사진엽서를 보는 작업은 근대를 비판적으로 이해할 수 있는 안목을 요구한다. 사회·문화적 맥락 속에서 사진엽서를 이해할 때 더욱더 그 의미가 선명하게 드러나기 때문이다. 사진엽서를 제국주의와 식민지의 관계, 사진 속에 재현된 정치적 시선과 같은 여과장치 없이 독해한다면, 사진엽서는 단순히 100년 전 과거의 이미지에 불과할 것이다.

신화 속으로 사라진 기생 사진엽서

사진엽서가 체계적인 연구대상이 되지 못하고 있는 실정이다. 체계적인 자료 접근이 어렵고, 특히 우편엽서의 성격상 그 제작연대나 제작 장소, 엽서에 쓰인 사진의 촬영연대, 사진가 등을 밝혀내는 일이 쉽지 않다. 현재 남아 있는 사진엽서들은 전반적으로 1910~1940년에 걸쳐 제작된 것으로 추정된다.

사진엽서를 중심으로 하는 근대 시각문화에 대한 연구 성과도 아직 미미하다. 서구에서는 사진엽서에 대한 수집과 연구가 활발한 반면, 우리나라에서는 이제 시작 단계에 접어들었다. 앞으로 사진엽서뿐만 아니라 여러 인쇄 매체 속에 나타나는 시각자료를 통해 근대의 사회와 문화를 조망해 볼 수 있는 교방문화 연구가 필요하다. 그만큼 연구해야 할 분야가 많이 남아 있다는 좋은 예일 것이다. 신화 속으로 사라진 기생 사진엽서를.

당시 조선의 모습을 묘사하듯이, 기생 뒷 사진

02

청풍명월(淸風明月), 명월관 기생 요릿집

조선 문화 홍보대사,
명월관 기생 - 명월관 1호실의 놀음기생

장안의 한량은 돈이 생기면 밤낮 요리점과 기생집에 돌아다니는 것을 당연시하곤 했다. 그러다가 기생 하나를 얻어가지고 미쳐 날뛰게 되는 것이 순서였다. 집에만 들어서면 집안사람을 들볶고 걸핏하면 아내에게 손을 대는 경우가 드물지 않았다.

경성의 요릿집에 기생을 불러 본다는 것은 으레 호기를 부르는 한량의 자랑 이상이었다. 요릿집 중에서도 명월관은 특별했다. 경성에서 조선 요리업의 '원조(元祖)'라는 이름이 높다 보니, 지방에서도 '명월관'이라는 간판을 내놓고 요릿집을 운영하는 이가 많았다. 기생들이 요릿집 명월관의 연회에 들어가는 때에는 애교를 부리는 것으로 유명했다. 미닫이문이 고이 열리며, 뽀얀 얼굴과 푸른 치마가 어른댄다. 누구를 향하는지 모르게 바닥에 한 팔을 집고 인사하는 기생은 자

명월관 특1호 연회장 무대

기소개로 아뢴다. 바로 받아쳐, 손님은 마치 호구조사 담당 관리처럼 구구하게 묻는다. 경성에 있는 권번의 기생과 손님의 입장에서는 이처럼 당연한 질문과 답이라도 재미있게 여겼다.

"기명(妓名)이 무엇이냐?"

"운선이야요."

"어떤 한자를 쓰느냐?"

"구름 운(雲)에 신선 선(仙)을 씁니다."

"그러면 고장이 어대야?"

"평양이야요."

"집은 경성, 어디?"

"다옥정이야요."

"식구는 뭐하냐?"

"홀어머니와 어린 동생 둘이 있어요."

"어느 권번에 있니?"

명월관 본관 연회장 무대

"조선권번이야요."

"너는 올해 몇 살?"

"스물 둘이야요."

"기생이 된 지 몇 년인가?"

"아홉 해가 되지요."

"꽤 일본어가 능숙한데 어디에서 배웠어?"

"기생학교에서 배웠지요."

"요 근래 저금을 했니?"

"그리 모으지 못했지요."

 기다란 요리상을 중심으로, 여러 사람들이 둘러앉아 웃고 떠들며, 술도 마시고 요리도 먹는 것을 모두 좋아했다. 요리상이 방에 들어오면 그것을 가운데 놓고 둘러앉았다. 기생들은 술병을 들고 서 있었다. 요릿집에서 무엇보다도 가슴을 뛰게 하는 일은 바로 기생을 볼 수 있다는 점이었다. 처음 기생을 마주 하면, 여염집 여자에게는 좀처럼 볼 수 없는 어여쁜 표정을 보고는 잊지 못한다. 옷이 몸에 들러붙은 듯한 아름다운 맵시, 교묘한 언사, 유혹적 웃음이 과연 그럴듯하였다.

 세상에 기생이라면, 남의 피를 빨고, 뼈를 긁어내는 요물이라 경계의 대상이었다. 그래도 남자들은 치마 뒷자락을 홀린 듯이 돌아보기도 하고, 슬쩍 코끝에 내려앉는 그 매력 있는 향기를 주린 듯이 들어 마시기도 하였다.

 명월관 1호실은, 갈고리란 갈고리에는 모자와 외투가 빈틈없이 걸릴 정도로 항상 손님으로 붐비는 넓은 방이었다. 기생 중에 30세기 넘으면 노기로 불리었다. 한참 이십 당년에는 어여쁜 자태와 능란한 가

1930년대 명월관 입구 기생 포즈

무로 많은 장부들의 애간장을 녹인 기생들이었다. 어느 이름난 대관을 감투 끝까지 빠지게도 만들었다고 했다. 그러나 지금 보는 모습으로, 두 뺨은 부은 듯이 불룩하고, 이마는 민 듯이 훌렁하였다. 더구나 여성으로서는 차마 못 들을 음담패설이 날 적마다, 그 검은 눈을 스르르 감아 부치며, '흥흥' 하는 콧소리와 함께 뜨거운 입술을 비죽비죽 내미는 것은 음탕 그것이었다. 일행이 끼리끼리 잡담을 즐기다가 잠깐 무료한 침묵이 있은 후, 누군가 제의를 한다.

"인제 기생 소리나 한마디 들읍시다."
"그것 좋지요."
"그래 볼까요."

그렇게 되면 기생 중의 하나가 명월관 보이를 불러 퉁명스럽게 꾸짖는 듯 보이에게 분부한다. 그러면 곧 가야금과 장구가 들어온다. 하지만 갈강갈강한 목소리의 보이는 가야금을 잊기도 하고, 장구는 소리가 잘 안나, 톡톡히 꾸중을 받고도 그 보이는 하이칼라 머리를 긁적긁적하고는, 허리를 굽실굽실하며, 연신 '네네' 하고 시키는 대로 한다.

요릿집 명월관의 발자취를 따라가며(1)
- 황토현 시절

일제강점기는 망국의 우수가 모든 사람의 일상을 우울하게 만들던 때였다. 나라를 잃은 울분, 벼슬을 빼앗긴 좌절감, 혹은 기우는 가세를 지키는 지주들의 초조함. 한편에선 새로운 권세를 누리며, 별천지를 만난 기회주의자들의 방탕, 일제 관료배들의 방자가 넘실대던 세태였다. 이런 사회의 분위기가 만들어낸 요릿집이 바로 명월관이었다. 그럼에도 불구하고 명월관은 외국 사절단에게 유일하게 접대할 수 있는 공간이었다. 주말에는 결혼식장 또는 혼례연회장으로 많이 이용하였다. 더구나 대학의 사은회도 매 학기 열렸다. 당시에는 늦저녁이 되면 낯익은 모습으로 명월관의 '보이'들이 현관문 앞에 늘어선 채, 손님이 도착하면 예약된 호실로 안내했다.

1903년 9월 17일 개관한 명월관은 기생 요릿집의 대명사로만 알려져 있었다. 당시 풍토에서 조선 요릿집이란 벤처산업 가운데 하나였다. 이것이 한국 현대사에 자리매김하고 있는 명월관이다. '명월관(明月館)'은 '청풍명월(淸風明月)'에서 따온 이름으로, 명사와 한량들에게 편안한 장소와 푸짐한 음식을 대접하여 요릿집의 대표적인 브랜드를 쌓았다. 당시 일본식 요릿집을 이어받으면서 조선식 궁중요리를 내놓은 집이 바로 명월관이다. 궁내부 주임관(奏任館)과 진신사장(典膳司長)으로 있었던 안순환이 궁중에서 나온 뒤 생겨난 요릿집이었다. 전신은 '조선요리옥'이었다. 1912년 여름, 안타깝게도 도로 개정으로 인하여 명월관의 일부를 훼손당했다. 현재 1층에서 확장히여 신라식, 조신식, 서양식의 건물이 있었고, 설비가 완전하여 대소연회에 민첩하게

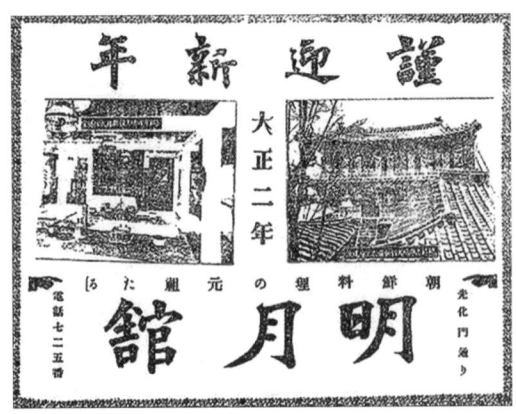
1913년 명월관 새해인사 광고

준비하였다. 인테리어나 물품이 사치스럽지만 가격은 저렴했다. 손님을 대할 때에는 지극한 정성으로 적극적으로 알선하였다. 유명한 노래를 부르고, 아름다운 춤을 추는 기생이 있어서 귀빈과 신사의 심신을 즐겁게 하고, 맑은 흥치를 일으키는 것이 명월관의 특색이었다. 그러나 오히려 공간이 부족하여 1913년 봄부터 13만 원의 자금을 투자하여 확장하되 각처에 지점도 출장하게 하였다. 바로 이 문구가 음식점 프랜차이즈의 단초를 설명하는 대목이다. 이때부터 전국 각지의 명월관 지점이 생긴다.

1912년 12월 18일 『매일신보』에서 「상점평판기」를 연재하면서 '조선요리점의 시조 명월관'이 등장하였다. 신문 기사 내용을 보면 당시 많은 요릿집에 대한 정보를 제공하고 있었다. 근래 10년 전 조선 내에서 요리라 하는 이름을 알지 못할 때, 이른바 다양한 약주가(藥酒家) 외에 전골집, 냉면집, 장국밥집, 설렁탕집, 비빔밥집, 강정집, 숙수집 등이 있다는 점을 들 수 있었다. 먼지가 산처럼 쌓인 식탁 위에 있는, 전

(초 말 사 긔) 최영환 사 박 드 필 코 스········◇

라도 큰 대나무를 여러 갈래로 찢은 긴 젓가락을 세척하지 않았다는 것을 보면 당시 위생 개념은 없었다. 이러한 와중에 신식의 청결한 요릿집이 생겼는데, 바로 황토현의 조선요리점의 비조 명월관이라 말하고 있다. 당시 경성은 조선의 수도로 내외인의 교제가 빈번하였는데 마땅한 음식점이 없었다고 강조하였다. 그것을 알고 선견지명을 한 이가 바로 명월관 주인 안순환이라고 설명하였다. 그 당시 2,000원의 자본으로 신식의 요리점을 창설하여 1,300명을 초대했다. 그 환영회는 명월관이 아니면 능히 거행치 못했다고 하면서 그 규모도 자랑했다. 명성이 내외 분분하여 조선에 내유하던 서양인, 동양인은 모두 명월관을 방문했다. 황토현에 있던 명월관 본점은 1919년 5월 24일에 불타버렸는데, 화재 원인에 대해 당시 여러 이야기가 나돌았다. 그 후 이곳을 동아일보사가 인수한다. 1996년 일민미술관으로 이름을 바꿔 지금에 이르고 있다. 서울 지하철 5호선 광화문역 5번 출구 바로 앞에 위치해 있다.

요릿집 명월관의 발자취를 따라가며(2)
- 명월관 별관 태화관과 3·1 독립선언문

1918년 명월관 주인 안순환은 인사동의 순화궁을 명월관의 별관으로 삼아 태화관(泰和館)이라는 간판을 내걸었다. 이곳은 조선 후기 헌종의 후궁인 경빈 김씨의 순화궁(順和宮)이었는데, 친일파 이완용의 소유로 넘어갔다. 1918년 벼락이 떨어져 이 집에 있던 고목이 둘로 갈라져 넘어지자, 이에 놀란 이완용이 팔려고 내놓은 것을 마침 안순환이 세를 들어 명월관의 별관으로 사용한 것이다. 순화궁에는 '태화정'이라는 정자가 있어 이름을 태화관(太華館)이라 하였다가 뒷날 태화관(泰和館)으로 고쳤다.

2층 건물인 태화관은 크고 작은 방이 많아 서울의 부호와 조선총독부 관리 등 친일파들이 즐겨 찾는 서울의 명소가 되었다. 특히 3·1 운동 때에는 민족대표 33인 가운데 29명이 이곳에 모여 대한독립만세를 부르다가 일본 경찰에 연행되었는데, 이로 인해 태화관은 더욱 유명해졌다. 1919년 3월 1일 오후 2시 무렵 민족대표 29인은 주인 안순환으로 하여금 조선총독부에 미리 전화를 걸게 하여, 이곳에서 민족대표들이 독립선언식을 거행하며 축배를 들고 있다는 사실을 알렸다. 바로 이 지점 2층이 민족대표 33인이 모여 독립선언을 했던 만세의 진원지가 된 것이다. 이 독립선언의 산실은 2층 동쪽 끝 방으로 '별유천지 6호실', 곧 태화관 후원 깊숙한 언덕에 위치한 태화정이었다. 만세를 부르기 전에 고종황제의 빈소가 차려진 남쪽 문을 열어 만세 소리가 빈소에까지 들리게 하는 배려를 했다. 이어 출동한 80여 명의 일본 경찰에게 포위된 가운데, 만해 한용운이 대한독립만세를 선창하

태화관의 전경

고, 나머지 민족대표들이 제창한 뒤 일본 경찰에 연행되었다. 한 가지 역사의 아이러니는 친일파 이완용의 집에서 민족대표가 모여 3·1운동 독립선언식을 거행했다는 점이다. 그러지 않아도 친일파로 욕을 먹고 있던 차에 자기 소유로 되어 있던 집에서 그런 일이 벌어져 이완용은 더욱 난감했다.

이 무렵 태화관에는 서양 악대가 등장하여 인기를 모았다. 원래 양악대는 궁정에서 큰 행사가 있을 때 쓰기 위해 둔 것이 처음이었는데, 몇 해 세월이 흐르게 됨에 따라 이 궁정 양악대 출신들이 시중에 흘러나와 '우미관'의 양악대와 '단성사'의 양악대를 꾸며 태화관에 등장하였다. 손님들은 양악대의 경쾌한 음악에 맞추어 기생들과 함께 춤을 추었다. 이때 유행한 춤은 지금 같은 사교춤이 아니라 러시아 사람들이 가져왔다는 코사크 민속춤으로 '앉은뱅이춤'이라고 불렀다. 결국 일제의 압력에 의해 안순환은 태화관을 폐업하고 새로 식도원을 차리게 된다. 현재는 12층의 태화기독교 사회복지관 건물이 들어서 있다.

요릿집 명월관의 발자취를 따라가며(3)
- 돈의동 본점과 서린동 지점 시절

불에 탄 명월관의 상호와 시설은 1920년에 이종구에게 넘어간다. 그는 한말에 육군 정위로 군관학교 교장을 역임한 이규진의 아들로, 외국어학교를 나와 잡화상과 주식 거래소를 하여 돈을 벌어 명월관을 수만 원에 구입하게 된다. 당시 '명월관'은 어마어마한 브랜드 가치를 가지고 있었다. 요식업계의 대부인 안순환은 명월관의 본점을 팔고 1922년에 남대문통 1정목 16번지, 지금의 태평로 1가 인근에 식도원을 차린다. 명월관의 절반 정도의 규모에 절반 정도의 수입을 벌었지만, 식도원과 명월관은 요식업계의 양대 라이벌이었다. 식도원은 1935년까지는 안순환이 경영하였다. 현재 그 자리에는 옛 조흥은행 본점이 들어서 있다. 명월관은 고유한 조선 요리나 서양 요리를 만들었으며, 주요 손님은 고위 관료와 재력가, 외국인 등이었다. 또한 친일계 인물이 자주 드나들었으며, 문인과 언론인들도 출입하였다.

1932년 조사에 의하면 하루 매상이 500원 이상이었고, 종업원의 숫자도 120여 명이나 되었다. 종업원에는 손님을 안내하는 '보이', 음식을 만드는 '쿡', 인력거 '차부(車夫)'까지 포함되었다. 명월관에는 아주 귀한 손님이나 그윽한 곳을 찾는 손님에게 제공되는 특실이 있었다. 바로 2층에 있는 '매실'이었다. 아무나 들일 수 없기에 그 방을 유독 고집하는 손님도 많았다. 아래층은 온돌이었으나 2층은 마룻바닥에, 일부는 양탄자, 일부는 다다미를 깔았다. 겨울에는 숯불을 피운 화로가 방 가운데 놓여 있었다. 명월관의 경영 방침은 외상이 후하고 외상값 독촉을 심하게 하지 않는 것이었다. 그 덕분에 손님이 끊이지 않았다.

1930년대 명월관 본점 입구 사진

요릿집 명월관의 발자취를 따라가며(4)
- 광복 후 현재

 중일전쟁과 태평양전쟁이 시작되면서 요릿집은 더 이상 영업을 하지 못하게 되었다. 이에 기생들은 간호원이나 정신대로 끌려가 한때 폐쇄됐다. 1945년 광복한 후에 명월관은 조선 학도대에서 연희전문학교 본부로 사용되었다. 그 후 좌우익의 혼란기에는 남로당의 지하 활동이 있었는가 하면, 미군정의 야사도 이런 데서 엮어졌다. 요정정치라는 말이 만들어진 것도 이 무렵이었다. 그 후 미군정 시설에 미군 전용 '카바레'로 이용됐다.

 지금도 기생하면 떠오르는 이미지가 '기생관광', '기생파티', '기생출장', '기생집', '기생천국의 나라' 등으로 인하여 '요정과 기생'을 연상하게 된다. 1970~80년대 밀실정치, 이른바 '요정정치'는 고위급 관

워커힐 호텔 내의 〈명월관〉

료들이 요정에서 기생과 더불어 술을 마시며 국정을 논의하던 말에서 비롯됐다. 당시 요정은 여야 고위 정치인의 회동과 1972년 남북적십자회담, 한일회담의 막후협상 장소로 이용되었다. 제4공화국 유신 시절 요정정치의 상징이었다. 한국전쟁 이후, 1960년대에 들어서면서 3대 요정이었던 삼청각, 청운각, 대원각 등에 비해 명월관은 1963년 4월 광진구 광장동 산21에 개관한 워커힐(Walkerhill) 호텔에 옮겨가게 된다. 1973년 선경개발(주)에서 인수하여 SK그룹 산하의 계열사가 되었으며, 법인명을 (주)워커힐로 변경하였다. 명월관은 1종 유흥음식세로 1975년에 49만 1천 원을 납부할 정도로 큰 규모였다. 지금은 '쉐라톤 그랜드 워커힐(Sheraton Grande Walkerhil) 호텔의 숯불갈비 전문음식점 '명월관'으로 유구한 역사를 뒤로 안고 영업을 하고 있다.

교방문화의 공간, 기생 요릿집

일본 제국주의가 추진한 도시계획에 의해 1930년대 경성은 도쿄에 이어 두 번째 근대 도시로 번화했다. 대중잡지에서 수많은 명사의 좌담회가 기획되었는데, 명월관은 그런 좌담회 장소에는 제격이었다.

기생은 하얀 종이에 작은 무늬를 찍어낸 견직물의 저고리에, 물빛의 치마를 두르고, 저고리의 작은 옷깃과 소매 입구에는 붉은색, 녹색의 화려한 무늬를 새기고, 머리 장식은 비취색과 황금색의 비녀라고 하는 귀이개를 꽂고, 봉선화로 손톱을 칠하였다. 부드러운 손가락을 두세 개의 반지로 장식하였다. 청초한 아름다움이었다. 손님이 적으면, 한쪽 무릎을 세워 술을 따르거나 담배에 불을 붙이는 정도가 보통의 서비스지만, 많은 연회 시에는 자리가 정해져 있었다. 술은 요릿집마다 음식에 따라 정해져 나왔지만, 담배는 다 각기 가지고 온 것으로 내놓고 피웠다. 기생은 계속해서 식기의 덮개와 요리를 덮은 얇은 종

기생의 사고무 연주 장면 사진

이를 치우고, 술잔에 따른 술을 한 번 술병에 되돌려 담고, 술잔을 따스하게 데우고 나서 다시 따랐다. 일본 술의 경우에는, 한 번에 모두의 술잔을 채우는 것이었다. 술을 마시기 시작할 때에는 '권주가(勸酒歌)'를 불렀다. 이는 높은 지위의 기생이 선창하고 다른 기생들이 일제히 합창하는 것이다.

> 불로초로 술을 빚어
> 만년 배에 가득 부어
> 잡으시는 마다 비나이다.
> 남산수를
> 이 잔 곳 잡수시면
> 만수무강 하오리다.
> 잡으시오. 잡으시오.
> 이 술 한잔 잡으시오.

    손님 중 연장자가 첫 잔을 마시었다. 그러면 기생은 잔을 한 손으로 잡고 스스로 술을 따른 후 술 한 잔을 옆 손님에게 바친다. 차례차례 잔을 돌렸다. 술잔이 몇 번인가 오고가자 장구소리, 앉아서 부르는 소리, 가야금의 기품 있는 소리 등이 더해졌다. 노래는 시조, 가사, 각 지방의 특색 있는 잡가가 있었고, 무대의 유무와 관계없이 검무, 승무, 사고무(四鼓舞) 등의 무용도 있었다.
    또 일본의 유행가나 가벼운 희극식의 댄스도 있었다. 물론 유행에 아첨하는 이단적인 것이기 때문에 반드시 포상하지는 않아도 되었다. 옛날 연회가 끝날 때쯤이면 '파연곡(罷讌曲)'을 합창하였다.

"북두칠성(北斗七星) 주위로 가지 마세요.
가고 있는 손님은 멈추어 첩과 같이 되돌아가고
동자(童子)요, 빨리 신발을 가지런히 돌려놓아라.
우리는 집으로 가는 길을 서두르고 있다네."

명월관 요릿집은 조선 궁중음식의 '먹을거리'만 있지 않았고 '볼거리'로 시, 서화, 음률로 갖춘 기생들의 춤과 소리를 듣고 볼 수 있는 교방문화의 공간이었다.

여기에 빠지지 않는 근대 교방문화의 기록, 즉 사진이 많이 남아 있기에 조선 궁중음식의 차림상을 고증한다. 너불어 참석한 당대 명사(名士)와 명기(名妓)를 확인하는 것도 연구 대상이다. 물론 차림상에서 주고받은 수많은 일문(逸聞)과 일화(逸話)도 마찬가지이다.

03

인천의 기생 요릿집

일제강점기 기생 요릿집

일제강점기에 요릿집은 기생이 상주하지 않고 권번에 연락을 하면 인력거를 타고 요릿집에 나와 손님을 접대했다. 그 당시 기생이 되려면 미모도 뛰어나지만, 영리하고 똑똑해야 했다. 특히 점잖은 양반들의 말뜻을 재빨리 재치 있게 알아차려야 했고, 거기에 합당한 대답을 우아하게 내놓아야 명기라 할 수 있었다. 그러나 연석에 참석했을 때 앞에 앉은 친구나 옆에 앉은 손님에게 이 사람은 누구고, 저 사람은 누구냐고 묻는 기생이 있다면 먼저 한 점 깎이고 들어가게 된다. 연석에 들어가자마자 눈치를 곤두세우고 좌석에 계신 분들이 누구누구이며 이날의 주빈과 주최자가 누군지를 눈치껏 알아내야 하는 것이다. 연석에 앉을 때에는 반드시 한무릎을 세우고 그 무릎 위에 두 손을 얌전히 포개 놓는다. 요릿집이나 개인집에서 연석이 벌어지는 사랑 놀음에 다녀올 때는 시간에 따라 돈을 받게 되었다. 어떤 요릿집에서는 2시간 반이면 3시간으로 넉넉히 시간을 잡아주는 후한 곳도 있었지만, 2시간으로 우수리를 떼는 곳도 있었다.[1]

그러나 아무리 시간을 잘라낸다 하더라도 당시 기생들은 일언반구 항의하거나 싫은 내색을 보여서는 안 되었다. 기생이 시간에 짜증을 내게 되면 그 기생은 행세할 수 없었던 것이다. 이처럼 시간에 따라 계산해 주는 돈도 기생이 자기 손으로 직접 받는다는 것은 그때 풍습으로는 있을 수 없었다. 기생이 돈을 직접 만진다는 것은 천하고 상스러운 것으로 여겼기 때문이다.

기생은 단지 시간을 적은 전표를 점잖게 들고 와 권번에 맡기고, 권번에선 돈을 찾아오는 번거로운 방식이었지만, 이것이 기생의 체통을 살리는 길이라고 여겼다. 기생이 부름을 받는 것을 그때에는 다른 말로 표현했다. 요릿집 같은데서 부를 때 선약이 있으면 '지휘 받았다'고 말했다. 당시에는 수동적으로 응하는 시대이기에 그런 입장에 있었으니, 지휘 받았다는 말이라는 표현을 하였다. 기생들은 손님들에게 '~합쇼' 하는 투의 경어를 썼고, 손님들은 '잘 있느냐'는 식으로 하대하였다. 그러나 요릿집 사람들이나 국악원 악사들은 기생들에게 깍듯이 '아씨'라고 불러주었다.

기생이 요릿집에서나 개인집에서 연석에 참석할 때에는 미리 다른 방에 모여 음식을 먹고 나서 들어갔다. 아무리 체통을 살리려 해도 배고픈 다음에야 별수 없는 법, 우선 기생들이 배불리 먹고서야 모든 예의범절과 노래와 춤이 제대로 될 수 있었으니 그럴 법한 일이다.

기생들이 입는 옷 색깔은 여염집 아낙들과 달라야 했다. 1, 2, 3향색 수는 옥색치마를 입었고, 보통 기생들이 예복으로 입는 옷은 남색치마였다. 노란색이나 다홍색은 여염집 부인이나 아씨들이 입는 것으로 정해져 기생들은 이 색깔을 입지 못했다. 기생들이 연석에 들어가서 손님들과 마주앉아 같이 담배를 피워도 아무도 상관하지 않았다. 이때 주로 피우는 담배는 '청지연'·'홍지연'·'칼표' 등이었다.

이때 기생들은 돈이 떨어지면 당시 돈놀이하던 '대성사'라는 집에서 매월 10원 정도 꿔 쓸 수 있었다. 훗날 돈을 벌어 갚아도 되고, 좋은 영감을 만났을 때 영감이 원금과 그동안의 이자까지 모두 치르는 것이 그때의 풍속이었다.

이 무렵 기생들은 어디를 가나 외상을 잘 얻을 수 있었다. 종로네거리 포목점에 나가 돈 한 푼 없이 옷감을 끊어도 권번만 대면 아무 염려 않고 뚝뚝 끊어주는 시절이었다. 기생이 직접 나가지 않더라도 갖

가지 일용품은 얼마든지 외상으로 살 수 있었다.

　요릿집이나 개인집 연석에 참석했을 때 손님이 실수로 술이나 음식을 기생의 치마폭에 쏟아도 기생들은 조금도 기분 나빠하는 일이 없었다. 다음날쯤이면 실수한 손님이 청지기를 시켜 옷감 1벌을 꼭 사과하는 의미에서 보내주었기 때문이다. 돈 있고 체면 찾는 손님이 보내주시는 것이니 입고 있던 옷감보다 못할 리 없다는 것은 말할 필요도 없다.²

　1936년 서울에는 약 50개의 요정에서 밤낮을 가리지 않고 명기, 명창을 불러 놓고 흥을 돋웠다고 한다. 요릿집은 대개 한 상에 5원부터 10원까지 받았는데 5, 6명은 충분히 먹을 수 있었다. 대개 요릿집에서는 손님들이 기생 아무개를 불러오라고 지명하는 것이 상례였으나, 인기 있는 기생은 보통 1주일 이전에 예약하지 않으면 차례가 오지 않았다.

　한말 요릿집의 기원은 일본식 요정에 있다. 1880년대에 들어 서울에는 청국인과 일본인 등 외국인들이 거주하게 되었고, 일본인의 거주는 주로 진고개 즉 지금의 충무로 일대였다. 당시 일본인 3천 명이 모여 살면서 일본식 과자점이 생기게 되었다. 이 과자점에서는 '왜각시'라 불리는 일본 여자들이 과자였던 '눈깔사탕'을 팔았는데 일본 남자들이 여기에 몰려들자, 조선 남자들도 '왜각시'를 보려고 진고개 출입이 잦아졌다.

　당시 진고개에 여럿 들어섰던 일본 요릿집에서 '왜각시'의 인기에 주목하게 되었고, 단순히 요리를 파는 데 그치는 것이 아니라 각시까지 파는 발상을 한 결과가 술과 요리, 그리고 게이샤를 함께 파는 요정이었다.

그래서 1887년 처음으로 일본식 요정인 '정문루(井門樓)'가 만들어지고, 여기에 '화월루(花月樓)'가 생겼다. 친일파의 대명사로 불리는 송병준이 '청화정(淸華亭)'까지 내면서 한말의 3대 요릿집이 생겼던 것이다. 일본식 요릿집은 목욕간을 두었는데, 조선식 요릿집은 이를 따로 두지 않았다. 이 일본식 요릿집을 이어받으면서 조선식 궁중요리를 내놓은 집이 바로 명월관이다.[3]

인천 지역의 기생 권번

1908년 관기제도가 전부 폐지되고 인천에 권번이 등장하던 시점이 용동권번의 기원으로 추정되는데 언제 설립되었는지에 대한 구체적인 사료는 찾을 수 없었다. 다만 1912년 『매일신보』에 '인천용동기생조합소(仁川龍洞妓生組合所)'라는 단어가 사용된 것으로 미루어 보아, 관기제도 폐지 이후에는 용동기생조합소라는 이름으로 불린 것으로 추측할 수 있다.[4]

> 인천용동기생조합소에서는 근일에 영업이 부산하여 오는 30일이나 혹은 그 이튿날부터 인천축항사를 빌려 연극을 한다는데, 그 연극은 하여 보충이 될는지 몰라 공론이 분등하다더라. (인천지국)[5]

용동권번이라는 이름은 현재 남아있는 인천시 중구 동인천동 주택가의 돌계단의 '용동권번 소화 사년 유월 수축(龍洞券番 昭和 四年 六月 修

인천권번 소속 기생들이 국악 연주자들의 반주에 맞춰 전통 무용을 공연하는 모습

築)'을 통해 적어도 1929년(쇼와 4년) 6월 이전부터 사용되었을 것으로 추측할 수 있다.

1929년 이전 자료로서 1925년 11월 18일 『시대일보』에 용동권번 낙성식(落成式) 축하연을 알리는 기사가 나오고, 같은 해 7월 24일 자에는 권번 기생들이 총출동하여 수재의연품을 전달하는 기사가 나온다. 이로 볼 때 구체적인 흔적은 남아있지 않지만 1925년 이전에 설립된 것으로 예상할 수 있다.

『조선일보』 1923년 2월 14일자에 용동 기생들이 물산장려운동에 참여했던 내용이 나오지만 구체적으로 용동권번이라는 이름은 나오지 않았다. 용동권번의 전신이라고 보고 있는 소성권번은 1901년 5월에 정식 허가를 받았다고 전한다.

　　　인천부 용리에 있는 용동권번은 그동안 권번을 개축하고저
　　여러 방면으로 활동하야 그 기금을 저축하아오든바 금야에 낙성
　　회를 열어 각 유지의 협조도 잇섯슴으로 이를 기본으로 하고 개

축하야 2층 양옥의 광대한 건물을 신축하야 오는바 축시에 낙성하얏음으로 거 십오일부터 십칠일까지 삼일에 걸쳐 자축 낙성연을 베푸렀는데 연회초일에는 관공서급 신문기자를 초대하얐으며 그 외 이일간은 부내 유지 ○○○하야 성대한 연회를 하얐다는 바 초일에는 한성인(韓聖仁) 조합장의 인사로 인천부윤의 답사가 있었다고 한다.[6]

1935년 인천부 용리 171번지에 인화권번이 설립되었고, 1938년 인천부 용운정 90-4에 인천권번이 설립된다는 기록이 있다.[7] 인화권번이 인천권번으로 재조직된 것은 1938년 2월 10일 자 『동아일보』에 '인화권번을 폐지코 인천권번을 설치'라는 제목으로 기록되어 있다. 1937년 10월 20일 자 『동아일보』는 인화권번 조합장과 조합서기가 기생들의 시간비를 주지 않아 경찰의 조사를 받았으며, 기생들이 경찰서에서 자신들이 받아내야 하는 돈을 계산하고 있는 진풍경을 묘사하고 있다.

인천권번 1934.8.12. 수해의연금 모금 활동

인천의 조선인 측 기생 60여 명의 생명선을 장악한 인화권번에 모종의 혐의가 농후하여 조합서기장과 조합간부들이 속속 소환되어 취조를 받았다함은 일반주지의 사실이거니와 그 후 동서에서는 사건을 일체 비밀에 부치어 자세한 내막을 숨기고 있으나 탐문한 바에 의하면 그동안 기생들이 찾아야 할 시간대를 연속 2차나 지불하지 않았다 하여 19일 조조부터는 인천서 사법실

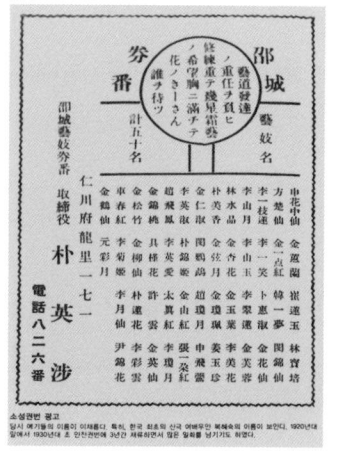

인천 소성권번 광고

한 모퉁이에 보기만 하여도 색채가 영롱한 기생들이 벌려있고 시간대 수입 전표를 주판질하고 잇는 풍경은 보는 자로 하여금 마치 권번 회계실 같은 느낌을 갖게 하였다 한다.

이후에도 신문은 계속해서 수사를 보도하고 있다. 결국 그해 11월 16일 조합장 김병근과 중역 김모 씨가 배임횡령 판결을 받게 되나 사건 진상이 명확하게 밝혀지지 않은데다가 1천 원씩 벌금을 내면 풀어질 것이라는데 의문을 제기하고 있다. 그리고 이듬해 2월 10일 부정사건이 많은 인화권번을 폐지하고 인천권번으로 한다는 보도와 2월 15일 창립총회 개최(개최일은 12일) 기사가 등장한다.

즉, 용동권번은 인천지역의 관기제도가 폐지된 이후 다음과 같은 변화를 겪었을 것으로 추정된다.

가. 용동기생조합 → 용동권번(소성권번) → 인화권번 → 인천권번
나. 소성권번 → 용동기생조합 → 용동권번 → 인화권번 → 인천권번

1910년을 전후해 인천 용동에는 용동권번과 용금루(湧金樓, 조선각 전신), 화월관(花月館), 신흥관(新興館) 등이 성업을 이뤘다. 권번이 흥하면 요릿집도 흥하고 요릿집의 경기가 좋지 않으면 권번도 쇠퇴했다. 1927년 8월 4일 자 『중외일보』를 보면, 용동기생이 음식 외상이 많아

서 어렵다는 이유로 조선인 요리점에서 화대를 받지 못하자 조선인 요리점에는 가지 않겠다는 일종의 성명을 발표했다. 1937년 9월에는 전쟁 때문에 요릿집 수금이 걷히지 않고 권번의 사정도 나빠질 수밖에 없다는 기사를 볼 수 있다.[8]

술과 여자는 서로 떠나지 못할만콤된 현세에 인천 각 료리점에서는 기생을 부를 수 업다는 기현상이 되여잇다. 이제 그 내용을 탐문한 바에 의하면 지나 사변 발발 이후에 각료정은 휴업상태이라함은 기보한 바와 갓거니와 지난일은 료리점과 권반 간에 시간대의 계산일임에도 불고하고 인천 조선인 각 료리점에서는 팔월 수금이 전연 되지아니야 시간대를 지불치 못하게 되엿슴으로 점주들은 권번에 대하야 지불치 못한 시간대에 대하여는 증거금으로 삭제하야달나 하얏스나 이를 불응함으로 그러면 조합장과 조합에서 낼 료리대로 상쇠식히자 하는 요구까지 하엿스나 이것까지 불응하고 맛참내 각 료리점에 청하는 기생의 배급을 거절하야 맛침내 손님은 여자 업는 술을 마시여야 할 형편이라는 황금만능의 홍등가(紅燈街)가 아니고는 보지못할 기현상을 일으키여 뜻 잇는 자로 하여금 쓰디쓴 우슴을 참지 못하는 인천의 화제거리가 되여잇다한다.

2차 세계대전이 한참이던 1939년 11월에는 심야영업이 폐지되었다. 밤 11시 이후로는 문을 닫고 방 안에 있는 손님들도 내보내야만 했다. 이와 관련해 기생들의 수입은 이전에 비하여 1/3도 되지 않아서 생활에 큰 타격을 입었다. 요정과 기생들은 적지 않은 혼란과 근심에 싸였고, 전업을 하는 기생의 숫자도 자꾸 늘어가게 되었다. 일제시대 권번과 요리점이 결탁하면서 공생관계에 있음을 알 수 있다.[9]

인천 지역에서 활동한 기생

인천 기생 역시 '인천기생조합'에서 어린 시절부터 기생공부를 했다. 권번에서는 노래와 춤을 가르쳤는데, 평양의 기생학교만은 못 했다고 하지만 선생을 앉히고 가르쳤다. 인천 기생의 수준은 서울보다 낮고, 개성보다는 높았다. 개성은 갑, 을 2종이었으나, 인천에는 '을종'이 없었다. 그 옛날의 관기보다는 신세대에 속했고, 카페나 '바(Bar)' 종사자보다는 틀이 잡힌 예술가였다.[10]

복혜숙(卜惠淑, 1904~1982)은 이화여자고보를 3년까지 마치고 일본 요코하마의 '고등여자기예학교'를 졸업하였으며, 토월회에서 10년간 신극운동을 하다가 영화배우로도 활동한 경력이 있는 재원이었다. 본명은 복마리(卜馬利)이다. 충남 보령 출신이며 목사의 딸로 태어나, 기예보다는 연극·영화·무용에 더 관심을 갖고 동경에 있는 사와모리무용연구소에서 춤을 배웠으나, 완고한 아버지 손에 이끌려 귀국했다.

자신의 뜻은 아니었지만 아버지가 세운 강원도 금성학교 교원으로 잠시 근무하였고, 못내 연극에의 꿈을 버릴 수 없어 가출하기에 이른다. 그리고 서울로 올라와 당시 신파극을 공연하던 단성사를 찾아가 밥 짓는 일부터 시작하였다.

1920년 당시 단성사의 인기 변사였던 김덕경의 소개로 김도산을 알게 되어 신극좌에 입단한다. 신극좌의 〈오! 천명(天命)〉에서 처음 무

기생 이화자의 유성기 '미녀도' 음반 표지   기생 이화자 사진

대에 서게 됨으로써, 거의 같은 무렵 연기생활을 시작한 이월화(李月華)와 더불어 한국 최초의 여배우로서의 길을 걷게 되었다. 그러나 인천 용동권번에서 기생이었고 추후 서울의 종로에 있던 카페 '비너스'의 마담으로 활동했다.[11]

인천 권번 기생 출신이면서 '민요의 여왕' 이화자(李花子, 1915~1949)의 히트곡 〈어머님 전상서〉는 구수한 우리 가락의 넋두리 같은 민요풍의 노래로 콧소리가 섹시하고 청승맞게 소리를 잘 굴리는 솜씨는 그 누구도 흉내 낼 수 없는 이화자의 매력이었다고 한다.

1935년부터 1949년까지 14년간 대중의 사랑을 받다가 세상을 떠난 민요의 여왕 이화자는 지금도 나이 60이 넘은 올드팬들의 기억에 남아 있을 초기 가수이다. 그녀의 출생과 과거에 대해서는 짐짓 베일에 싸여 있지만 그녀의 캐스팅에는 재미있는 사연이 있었다. 1935년 무더운 한 여름날 가수 겸 가요작가이던 김용환(金龍煥: 가수 김정구의 형)이 노래 잘 부르는 여자가 부평 술집에 있다는 소문만 듣고 무작정 그녀를 찾아 나섰다고 한다.

　부평에서 백마장으로 빠지는 변두리의 한 술집에 들어선 김용환은 한눈에 이화자로 보이는 젊은 여인이 무릎까지 치마를 걷어 올린 채 앉아 있는 것을 본다. 손에는 태극선을 쥐고 더위를 이기려는 듯 무료한 표정인 이화자를 발견한 것이다. 부평을 다녀온 김용환은 동료들에게 그 여자의 첫인상을 다음과 같이 전했다고 한다.

　　"얼굴은 갸름한데 더위 탓인지 얼굴에는 개기름이 번지르르 하더군, 마치 밀감 껍질처럼 땀구멍이 커다랗게 말야. 그걸 숨기려고 화장을 짙게 하고... 헌데 노랫가락만은 기차더군, 정말 왕수복은 저리가라였어."[12]

04

도쿄 '명월관' 요릿집과 영친왕

일본 도쿄의 '명월관' 소개 자료

　명월관은 궁내부 주임관(奏任館)과 전선사장(典膳司長)으로 있었던 안순환이 궁중에서 나온 뒤 1909년에 생겨난 요릿집이었다. 그 전에 '조선 요리옥'이 명월관의 전신이었다. 명월관 본점은 종로구 돈의동 145번지, 지점은 종로구 서린동 147번지에 있었다. 본점의 토지 평수가 1,200여 평이었고, 양식과 조선식으로 지은 건물 총평수가 6백여 평에 달하는 당시 상당한 규모였다. 안순환은 명월관을 개업하여 궁중요리를 일반인에게 공개하게 되었고, 술은 궁중 나인 출신이 담그는 술을 대 쓰는 바람에 인기를 끌기 시작했다. 처음에는 약주·소주 등을 팔았지만 나중에는 맥주와 정종 등 일본 술을 팔았다.
　'명월관'은 '청풍명월(淸風明月)'에서 따온 이름으로 명사와 한량들에게 장소와 푸짐한 음식을 대접한 요릿집의 대표적인 브랜드를 쌓았다.
　예전 명월관 본점은 원래 현재의 동아일보사 사옥 자리에 있었고, 1919년 이후 본점 자리는 현재 피카디리극장 자리로 옮겨졌다. 1971년 『중앙일보』에 글을 연재한 조선권번 출신 이난향의 회고에서 보다

일본 도쿄 고지마치(麴町)에 있었던 조선 유릿집 명월관 전경

라도, '명월관'은 요릿집 '공간' 이상의 의미를 가지고 있음을 쉽게 알 수 있다. 특히 일본 도쿄의 명월관은 비교적 후대에서야 비로소 알려진 곳이었다.[13]

신문 광고 문안 『동아일보』 1932년 1월 10일 자
일본 제일의 조선 요리
東京 明月館
동경시 麴町區 永田町(山王下)
전화 銀座 57-0057번, 57-3009번

최고의 역사를 두고 찬란한 광채를 가졌던 우리 문화가 세월의 추이 됨을 따라 부지중 소멸되어가는 것을 누구나 다 통탄하는 바이외다. 그 잔해(殘骸)의 일부나마 외인(外人)에게 소개함으로써 우리의 존재를 인식하게 하는 것이 해외에 있는 우리들로서 마땅히 할 의무의 한 가지가 아닌가. 확신하여 통속적으로 고국을 선전하는 기관으로 명월관을 경영하던 바 사회의 동정과 원조를 받아 소기(所期) 이상의 성과를 얻었으므로 그의 일단을 보고함도 무익한 일이 아닌가 합니다.

조선인 생활의 양식과 습관, 고유의 문화를 소개하려는 명월관은 비록 태생한 지는 수개월에 불과하나, 영업 방침이 조선을 대표한다는 대국하에 있음으로 경영자 자신일지라도 사리사욕을 불허합니다. 그럼으로 설비라든지 음식물이라든지 일익(日益) 연구하여 내임으로 조선에 이해가 없던 손님과 이상(飴商)의 소

『동아일보』 1932년 1월 10일 동경 명월관 광고

녀를 보고 조선을 논하든 인사의 이목을 경악하게 합니다.

그뿐만 아니라 간평(干坪) 부지에 포위된 광대한 건물과 금강산을 모사한 듯한 정원의 수지(樹枝)까지라도 조선 정신이 결정되지 아니한 곳이 없습니다. 그러므로 명월관을 '소조선(小朝鮮)' 또는 '조선의 축소경'이라는 별명을 어쩌면 우연이 아닌가 합니다.

명월관의 출생은 동경 사회에 일대 '센세이션'을 일으키게 되어, 일류 인사가 운하(雲霞)와 같이 모여 개점 만 2개월 이래 연일 연야(連日連夜) 만원의 대성황으로 증축까지 하게 된 것은 오직 관주(館主)의 큰 영예일뿐 아니라 애호하여 주시는 만천하 동포 첨위께서도 함께 기뻐해 주실 것으로 믿습니다.[14]

동경 명월관 주인백(主人白)

'도쿄 명월관'의 신문, 잡지 자료

1932년 2월호 『삼천리』 잡지 기사에는 '삼천리 벽신문' 소식란이 '도쿄 명월관'의 내용을 소개하고 있다.

"동경 명월관의 번창은 최근 동경서 온 사람의 이야기를 듣건대 동경에 명월관이란 조선요리점이 생기었는데 그것은 건물도 순(純) 조선식의 주란화벽(朱欄畵壁)이요, 음식도 신선로에 김치 깍두기이요, 음악도 에ー이ー 하는 3현 6각이요, 노래도 '수심가(愁心歌)'요, 육자배기이며 서비스하는 이도 전부 화용월태(花容月態)의 치마저고리 입은 기생 10여 명이라는데 손님의 대부분은 일본인들로 요즈음 많은 날의 하루 매상고가 5천 원을 초과하였고 그렇지 못한 날도 2천 원, 3천 원을 보통 된다는데 어째서 이렇게 명월관이 유명하게 발달하는가 하면 조선 기생의 요염한 자태에다가 조선의 독특한 음식이 그네의 호기심을 끄는 까닭인 듯하다고."[15]

당시 1932년 『동아일보』 광고에는 '기생의 말'도 소개되어 있다.

기생의 말

우리들이 기생 생활하던 중 동경 명월관에 종사하게 된 오늘처럼 행복으로 생각되는 때가 없습니다. 기생의 행복이라 할 것 같으면 봉이나 물었거나, 미남자의 새서방이나 얻었다고 생각하

일본 도쿄의 명월관 정원

시는 분도 있겠지만 기생의 영업 대조는 그것이 아닌 줄 믿습니다. 동경 명월관에서 제일 행복으로 생각되는 것은 처신 명절을 잘 배운 것이외다. 우리 조선에서는 기생이 불러주신 손님의 손님이 되어 손님의 접대라는 것은 아주 모르고, 심한 자는 손님 앞에서 버릇없는 것, 무례한 짓을 막 합니다.

이러한 것은 우리 기생들의 타락을 의미하는 것이니 위신 향상을 위하여 고쳐야 될 줄은 믿으나 문견이 업는 탓으로 고칠 기회가 없더니 이곳 와서 상류의 상류 손님만 접대하게 되니 자연히 고쳐졌습니다.

그뿐만 아니라 가정생활의 양식도 많이 배워시 지금은 실림을 간단하더라도 가정의 통활자인 주부의 일을 능히 할 것 같습니다. 아침잠, 낮잠 물론 고쳤습니다.

그다음의 행복으로 생각하는 것은 우리 미약한 여자의 몸이 우리 문화를 외지 사람에게 소개함으로써 조선을 이해하여 주는 사람이 날마다 늘어가는 것이올시다. 그럼으로 우리들이 춤추는 순간 가야금, 거문고 듣는 동안 그 잠시 사이라도 국제적 중대한 사명을 가지고 있다는 생각이 떠나지 않습니다.

끝으로 행복하게 생각되는 것은 우리들의 벌이도 좋다는 것이외다.

매일 밤이 되면 권객만래의 몸이 열 쪽이나 내고 싶으니 바쁩니다. 그럼으로 우리 가족도 동경 명월관에 있음으로써 생활이 안정되었습니다. 이렇게 전황한 세월에 이외에 더 행복한 일이 어떻게 있겠습니까?

이곳 동경 명월관에서는 언제든지 고국서 오시는 기생은 채용합니다.

여러 동무들에게 참고하시기 위하여 채용하는 표준을 써 드립니다.

一. 조선 사람으로 빠지지 아니할 만한 얼굴과 태도.
二. 일본말 아시는 분.
三. 각색춤, 거문고, 가야금, 양금 잘하시는 분.

이상에 한 가지 또는 두 가지 이상 적합하시면 채용하여 드립니다. 희망하시는 분은 전신(全身) 사진에 의사의 신체 검사증을 첨부하여 보내시면 우리들이 잘 말씀하여 드리겠습니다.

끝으로 행복을 일신에 지고 있는 우리들의 이름이 이렇습니다.[16]

경성 출신

죽향(竹香), 영월(英月), 산월(山月), 난향(蘭香), 추월(秋月), 금월(琴月), 금주(錦珠)

평양 출신

보석(寶石), 산옥(山玉), 소희(素姬), 춘사(春史), 기화(奇花)

남도 출신

옥란(玉蘭), 매월(梅月), 재월(彩月), 명옥(明玉), 도화(桃花)

2001년 3월 27일 자 『조선일보』 기사를 보면 이에 대한 구체적인 내용을 볼 수 있다.

"일본의 조선 관련 고위 인사들은 최고급 조선 요리와 전통 공연을 레퍼토리로 갖춘 명월관을 자주 찾은 것으로 나타났다. 당시 이곳에서 조선총독부 인사들의 송별식·환영식이 자주 열렸다. 춘원 이광수도 동경 명월관을 방문한 기록을 『조광』 1937년 3월호의 '동경문인회견기'에 남겼다. 와세다대 은사였던 요시다 교수와 야마모토 개조사 사장 등 문인들과 일본식 고급요정에서 저녁을 함께한 춘원은 조선 요정에 가보고 싶다는 주위 권유에 따라 2차로 명월관을 찾는다.

'명월관은 상당히 고급 건물이었다. 집도 좋거니와 정원도 밤에 보아 자세히는 알 수 없어도 상당한 모양이었다. 어린 기생도 4~5인 있었다.'

춘원은 그러나 음식은 그다지 맛이 없었다고 기록하고 있다.

명월관은 '조선 문화의 창구'라는 나름대로의 인식 아래, 식당을 찾는 일본 엘리트 계층에게 우리 문화를 소개하기 위해 노력했다."

이처럼 서울 명월관의 인기와 명성에 힘입어, 일제강점기 동경의 나가타초 명월관과 시기를 앞서거니 뒤서거니 하면서, 간다(神田)와 신주쿠(新宿) 등 몇 군데에서도 '명월관'이란 이름의 요릿집을 영업했던 것으로 문헌들은 전한다.

도쿄 명월관과 영친왕 관련 가능성

명월관은 일본의 정관계 인사들이 식민지 조선 통치를 기획하고, 의견을 나누던 밀실정치의 거점이었다. 조선총독부 고위관들과 당대

일본 도쿄 고지마치 명월관 내실에서의 기생 서화 사진

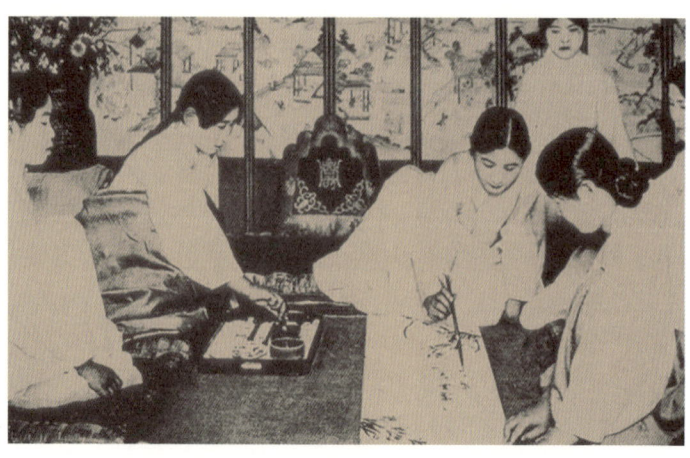

부호들이 드나들던 서울의 명월관과 마찬가지로, 도쿄에서 고급 사교 클럽 역할을 했던 셈이다.

명월관이 자리 잡은 도쿄 고지마치구 나가타초는 일본 국회의사당과 수상관저 인근으로, 고급 레스토랑과 요정(料亭)이 밀집한 곳이다. 요즘도 한국인들이 자주 찾는 술집 지역 아카사카가 지척에 있다.

사사키 미치오(佐佐木道雄)는 『명월관의 역사(明月館の歷史)』에서 아래와 같이 언급되었다.

> 근처에 국회의사당을 시작으로 관청 거리가 있으며, 기타오지 로산진(北大路魯山人)[17]의 연고지로 유명한 초일류 고급요정 「호시가오카차실(星ヶ岡茶寮)」[18]도 극히 가깝게 있고, 조선 왕조의 마지막 황태자 이은친왕의 거처인 이왕의 저택(대지 22만 평, 건평 500평의 면적이었다)에서도 그다지 멀지 않다. 확실히 그 이상의 일등지(一等地)는 없었다.[19] 맨 위는 요정의 전경으로 긴 담으로 둘러싸인 것으로 보아 다이묘 저택의 흔적인가. 큰 나무가 울창한 목조건물도 훌륭하다. 『김치 문화사』[20]에서는 '틀림없이 어디로부터인가 거대한 자본의 제공이 있어 서울의 일류 조선 요리점에 맞먹는 요정을 갖춘 것으로 생각된다.'라고 썼지만, 근처에 이왕 저택이 있는 것을 생각한다면 그 자금의 출처도 자연히 분명하게 생각된다.[21]

도쿄 명월관은 당시 국회의사당의 관청 거리에 있었고, 호시가오카 찻집(星ヶ岡茶寮) 요정도 있을 정도이다. 바로 근처에 영친왕의 서택이 있었다.

일본 도쿄 고지마치 명월관 내실에서의 기생 서화 사진

영친왕(英親王, 1897~1970)은 이름이 은(垠), 아명은 유길(酉吉), 호는 명휘(明暉)이다. 고종의 일곱째 아들이며 어머니는 순헌황귀비(純獻皇貴妃) 엄씨(嚴氏)이다. 1900년 영친왕이라는 봉호(封號)를 받았으며, 1907년 이복형인 순종(純宗)이 자식이 없는 상태에서 황위에 올랐을 때 형인 의친왕(義親王)을 제치고 황태자가 되었다. 그리고 1910년 일제의 국권침탈로 순종이 '이왕(李王)'으로 불리게 된 뒤에는 '이왕세자(李王世子)'가 되었다가 1926년 순종이 죽은 뒤에는 제2대 이왕으로 즉위하였다. 1907년 황태자가 된 뒤에 통감(統監)으로 부임한 이토 히로부미를 후견인으로 삼아 일본으로 건너가 생활했으며, 1911년 일본의 육군유년학교(陸軍幼年學校)에 입학하였다. 1915년에는 일본의 육군사관학교에 입학하여 1917년 졸업하였다. 1920년 일본의 왕족인 나시모토노미야 마사코(梨本宮 方子, 이방자)와 결혼하고, 1926년 순종이 죽자 창덕궁(昌德宮)에서 이왕(李王)의 자리에 올랐으나 곧바로 일본으로 건

너갔다.[22]

　당시 이왕의 저택은 일본에 의해 대지 220,000평, 건평 500평의 규모로 그 근방에 가장 큰 건물이었다. 특히 맨 위는 요정의 전경으로 긴 담으로 둘러싸인 것으로 보아 다이묘 저택의 흔적일 정도였다. 큰 나무가 울창한 목조건물도 훌륭했다. 이 때문에 '도쿄 명월관'은 어디로부터인가 거대한 자본의 제공이 있었다는 추측을 받았다.

　여기서 '거대한 자본'의 제공은 영친왕의 자본으로 추측한 것이다. 왜냐하면 규모 면에서 '도쿄 명월관'은 경성의 일류 조선 요릿집에 맞먹는 요정이었고 장소의 위치가 자본뿐만 아니라 다른 것도 있어야 하기 때문이다. 더구나 근처에 이왕 저택이 있는 것을 생각한다면 그 자금의 출처도 자연히 분명하게 생각된다고 보았다. 이러한 가설은 충분히 가능성이 높다고 본다.

05

조선 기생과 유성기 SP 대중스타

근대의 대중스타, 기생

우리나라에서 '대중문화(大衆文化)'라는 말이 최초로 사용된 것은 『조선일보』 1933년 4월 28일 자 사설(社說)로 알려지고 있다. 대중문화의 스타로서 연구 대상인 권번 기생은 시기상 백 년이 못 되는 과거이다. 역사의 관점에서 보면, 거의 동시대의 삶과 별반 다르지 않다.

1930년대는 일제에 의해 '강제된 근대'로, 우리 민족의 처절한 수난시대에 해당한다. '근대(近代)'라는 개념은 여전히 극복의 대상이다.

여러 분야에서 논의하면서 확대되어 재생산되곤 한다. 그래도 아직까지 그것에 대한 개념 규정이나 내용에 관해서는 일치된 견해를 찾기 어렵다. 근대화의 척도로 '대중매체의 광범위한 보급'도 꼽는다. 이것을 통해 봉건사회에서 자본주의 사회로의 근대화 개념과 보편적인 근대화의 개념을 구분지어 설명할 수 있다.

이 시기에 평양 기생 출신에서 대중스타로 변신한 왕수복(王壽福, 1917~2003)의 등장은 '레코드'라는 대중매체를 통해서 근대화의 척도로 주목되는 사건이었다. 조선의 억압되어 갇혀있던 기생이 대중가요의 인기 가수로 변신한 것이다. 아울러 근대에는 사진도 대중화되면서 사진엽서를 대량 생산하고 유통하기 시작하였다. 사진엽서는 도시의 여기저기 토산품 가게에 진열된 인기 상품이었다.

당시 1930년대 일반인들이 근대성을 경험할 수 있었던 경로로서는 우선 라디오, 축음기, 영사기 등의 '기계'들과 전람회, 박람회, 운동회, 영화관, 유람단 등에 의해 형성되는 '조직'이라 할 수 있다.

여기에 빠짐없이 등장하는 것이 권번의 기생들이다. 소속된 기생들은 주로 라디오의 음악방송에 출연하였다. 축음기의 음반을 취입하여 대중적 인기 가수의 반열에 올라선 이들도 있었다.

레코드 산업은 1920년대 중반부터 시작되었다. 판소리와 민요 등을 일본에 가서 취입한 사람들은 당대의 명기·명창들이었다. 1925년 11월에 발매한 '조선소리판'이라는 레코드에, 당시의 일본 기생 도월색 유행가를 처음 우리말로 부른 노래인 〈시들은 방초〉를 취입한 사람이 기생 도월색(都月色)이었다. 또 하나의 대중가요 〈장한

유성기 SP 음반을 취입한 기생 도월색(都月色)

몽〉은 김산월(金山月)이 불렀는데, 그녀 역시 기생이었다. 나아가 1930년대 이후 레코드 산업이 본격화되자, 당대 명기·명창들은 서둘러 레코드 업계로 진출한다.

1930년대에는 스포츠가 볼거리와 유흥의 대상으로서 등장하기 시작했다. 또 미국 영화의 상영으로, 도시적 감수성, 서구화된 육체와 성에 대한 개방적 관심이 증폭되었다. 이에 따라 '모던 걸'과 '모던 보이'가 거리로 쏟아져 나온다. 이에 맞추어 당시 보급되었던 '카페'의 여급도 기생 출신이 많았다.

이 시기에 평양 기생 출신에서 대중스타로 변신한 왕수복의 등장은 주목할 만하다. 왕수복이 태어난 시기는, 한민족의 3·1 운동에 위협을 느낀 일제가 종래의 무단정치 대신 표면상으로는 문화정치를 표방하던 때였다.

일제는 서둘러 관제를 고치고, 조선어 신문의 발행을 허가하는 등

타협적 형태의 정치를 펴는 듯하였다. 그러나 내면으로는 민족 상층부를 회유하고, 민족분열 통치를 강화하였다. 〈동아일보〉, 〈조선일보〉, 〈시대일보〉 등 우리말 신문의 간행이 바로 이러한 문화정치의 산물이다.[23]

이 시기에 왕수복은 12세가 되자 평양 기성권번의 기생학교에 입학하고, 졸업 후에 레코드 대중가수로 데뷔하기 위한 준비를 한다.

이어 왕수복은 콜럼비아에서 폴리돌 레코드로 소속을 바꾸면서 '유행가의 여왕'으로 등장한다.

대중스타로 등장한 평양 기생, 10대 가수여왕 왕수복

왕수복은 건장한 몸집에서 우러나오는 우렁차고, 기운 좋고, 세찬 목소리를 갖고 있었다. 특히 평양 예기학교, 즉 기생학교를 졸업한 만큼 그 넘김에는 과연 감탄하지 않을 수 없다는 레코드 문예부장 왕평(王平)의 회고가 남아있을 정도이다.

본래 성대에서 우러나오는 목소리가 아니라 순전히 만들어 내는 소리이면서도 일반 대중에게 열광적인 대환영을 빌어, 〈고도의 정한〉은 조선 유행가 중에서 가장 크게 유행했다. 레코드 판매 매수도 조선 레코드계에 있어서 최고를 기록했다. 이처럼 왕수복은 평양 기생으로서 세상을 놀라게 하는 대가수가 되었다. 그러자 콜럼비아, 빅디 등 각 레코드 회사들은 가수 쟁탈전을 벌이기 시작하였고 특히 평양 기

폴리돌 레코드 회사의 신문 광고 〈왕수복취입집〉
'반도 제일의 인기 화형 가수'라 소개하고 있다.

평양 기성권번 출신 기생 왕수복은 1935년,
10대 가수여왕이 된다. (왕수복 사진우편엽서)

생들을 둘러싸고 경쟁이 전개되는 양상을 띠었다.

1930년대는 한국 음악사에서 가장 중요한 때였다. 근대 음악사의 발전 과정에서는 그 시대가 새로운 대중음악을 등장시킨 하나의 전환기라고 할 수 있었다. 그러한 중요한 획을 그은 이가 바로 평양 출신 기생 왕수복이었다.

1928년에서 1936년 사이에 콜럼비아, 빅터, 오케이, 태평, 폴리돌, 리갈, 시에론 등의 각 레코드사들은 음반 제작에 기생 출신의 여가수들을 잇달아 참여케 함으로써 1930년대 중반 레코드 음악의 황금기를 장식했다.

왕수복이 첫 전성기의 가수로, 그녀가 '10대 가수'의 여왕이 된 1930년대를 근대 음악의 중요한 전환점으로 볼 수 있다. 봉건적 잔재의 전근대 표상이었던 '기생'이 근대의 표상으로 일컬어지는 대중문화의 '대중스타'로 바뀌는 과정은 바로 우리 근대 사회의 모습이다. 레코드, 축음기의 보급은 대중매체의 광범위한 보급으로 설명할 수 있으며, 그 레코드 가요를 소비하는 팬의 주축은 기생들이었다. 기생들은 레코드에서 배운 노래를 술자리에서 불러 유행에 도움을 주었으므로, 레코드 회사에서 보면 큰 고객이었다.

레코드 회사의 판매 전략은 이에 따라 세워지는 것이었다. 결국 대중문화를 이끌어가는 하나의 중심축이 바로 전근대 표상이었던 기생이었던 것이다. 대중 유행가 여왕으로 기생 출신이었던 왕수복, 선우일선, 김복희 등 3명이 『삼천리』(1935년) 잡지의 10대 가수 순위에서 5명의 여자 가수 중 1위, 2위, 5위를 하게 되었던 것은 당연한 일이었다.

1937년 21세의 왕수복은 폴리돌 레코드 회사와 결별하게 된다. 그

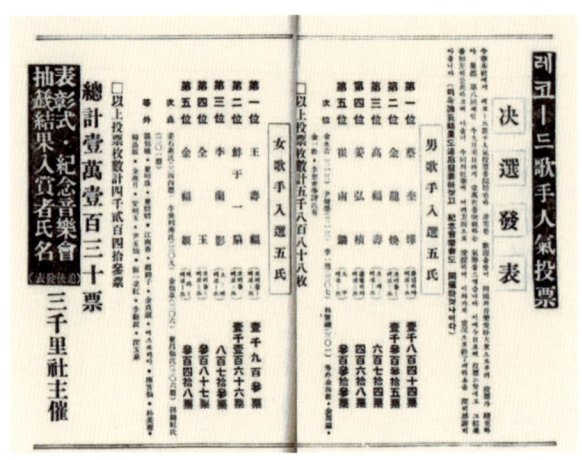

『삼천리』 1935년 10월

리고 일본 우에노 도쿄음악학교의 벨트라멜리 요시코에게서 조선 민요를 세계화한다는 포부를 가지고 이태리 성악을 전공한다.

1959년 43세에는 북한에서 공훈배우 칭호를 받고, 마침내 2004년 애국열사릉에까지 묻히게 되었다.[24]

기생 중심의 경성방송국(JODK)

일제강점기 발매된 유성기 음반의 내용이 1920년대 이전에는 전통음악이 주가 되었다. 1930년대에 들어서 유행가, 서양음악, 동요, 만담, 연극 분야의 음반들이 중심을 이루었다.

"앞으로 하얀 야주개로 나가게 된다네. 저것 보게. 저 언덕박이 위에 높다랗게 지은 집이 'JODK'라는 경성방송국이라네. 저

방 속에서 기생이나 음악가가 가득인 방에 혼자 서서 노래를 부르는 것이 저 높다랗게 우뚝 솟은 두 개의 사닥다리 사이에 가로 걸린 철사로 올라가서 저기서 사면팔방으로 흩어져서 바람을 타고 날라 가서 시골은 물론이고 일본, 중국에까지 들린다네."

『별건곤』 잡지(1929년 9월 27일, 제23호)에 '2일 동안에 서울 구경 골고루 하는 법, 시골 친구 안내할 노정 순서'에서 방송국이라면 '기생이나 음악가'가 가득하다고 표현한다. 그만큼 '기생 소리'는 경성방송의 주된 중심이었다.

일본 기생과 조선 기생의 방송 출연에도 차별이 있었다. 바로 1927년 방송 출연료였다. 경성방송국에서 일본 기생은 1회에 5원이고, 반면에 조선 기생은 불과 그 반액인 2원 50전이었다.[25]

1930년대 경성방송국에는 고전적인 가사를 부르는 기생들이 많았다. 그중에서도 남도소리를 잘한 기생 김초향은 뛰어났다. JODK 방송국에서도 남도소리 방송이 더 많았다. 이것은 소리나 들을 줄 아는 일반 가객들이 서도소리보다는 남도소리를 즐겼던 것이다. 하지만 방송국에서 그녀들이 입었던 의복의 맵시는 옛 조선의 기생과 같은 고전미를 발견할 수는 없었다. 한복의 예스러운 멋뿐만이 아니었다. 1927년 7월 27일『조선일보』학예 기사란에는 "경성방송국은 너저분

기생 왕수복의 폴리돌 레코드 신문광고
『동아일보』 1933년 10월 2일

제2부 _ 일제강점기 기생과 함께 보이는 것들 227

한 기생들의 소리라든지 18세기 소학교 수신교과서 같은 것은 그만두고, 좀 들을 만한 강연이나 소리를 방송하였으면" 하는 내용이 보도될 정도였다.

반면에 대중 유행가요의 경우는 달랐다. 연예인의 모습을 한 기생들이 등장하게 된다. 당시 커피 한 잔에 5전, 냉면 한 그릇에 15전, 하루 세 끼 먹는 한 달 하숙비가 12원 하던 그 시절에 방송 출연료는 5원이었다. 방송국에서 세단 차량을 보내 모셔 가다시피 할 만큼 귀빈 대접을 했다.

요즈음 말로 '대중가요'라고 불리는 유행가라는 것이 언제부터 작곡되고 불려졌는지 연대적으로는 분명하게 말할 수 없다. 그러나 현대음악이 도입된 것은 1900년 12월에 고종의 칙령으로 현대식 군악대 설치가 공포된 때라고 할 수 있다. 그리고 1910년에 처음으로 당시 소학교에서 창가 교과서가 나온 것에 미루어 보아 유행가가 생겨난 것은 1915년을 전후한 것으로 짐작이 간다.

여가수의 선구자는 물론 기생들이었다. 하지만 이때에는 연극배우·가수 등은 모두 광대 취급을 받고 있었다. 상월회에서 처음 여자 배우와 막간 가수를 모집하려 했다. 그러나 지원자가 없어서 모집 담당자가 기생이나 창기 가운데서 스카우트하려고 당시 기생촌과 창기가 많이 살던 신마치, 즉 지금의 묵정동을 헤맨 적이 있었다.

이때 "노래 부르러 나오시오." 하는 스카우트 담당자의 청을 받은 한 창기는 분격한 목소리로, "비록 박복한 팔자로 이 짓을 하고 있다마는 차마 광대에까지 끼겠느냐."고 거절했다는 일화가 있을 정도로 가수에 대한 사회적 인식은 낮았다.[26]

유일한 방송이었던 라디오 경성방송국은 1934년 1월 8일부터 정

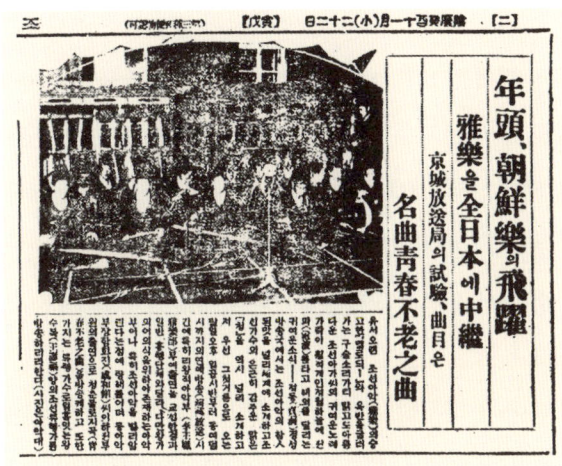

라디오 경성방송국의 해외 방송을 시험한다는 기사 내용에
이왕직 아악부의 〈청춘불로지곡〉과 왕수복의 유행가 방송을
소개하고 있다.『조선일보』1934년 1월 7일 조간

기적으로 JODK의 호출부호를 사용하여 일본에 한국어 제2방송을 중계하게 되었다. 이 중계방송에는 아악연주를 비롯하여 한국의 지리, 민속을 소개하는 강연과 실황방송, 민요 및 유행가요, 어린이들의 창가 등이 방송되었다.

특히 1934년 1월 8일에는 이왕직아악부(李王職雅樂部)의 아악연주와 경성방송국 오케스트라의 반주로 평양 기성권번의 기생 출신 왕수복의 노래가 일본에 처음으로 중계방송되었다.

그때 부른 유행가는 〈눈의 사막〉·〈고도의 정한〉·〈아리랑 조선민요〉 등이었다. 이후 창·민요·동화 및 한국의 역사와 풍속 등이 일본에 중계방송되었다.

『조선일보』에는 이렇게 기생 왕수복을 소개했다.

제2부 _ 일제강점기 기생과 함께 보이는 것들 229

"옥방울 굴러가는 구슬 소리같이 맑고도 아름다운 조선 아가
씨의 귀여운 노랫가락이 활짝 개인 정월 하늘에 전파를 타고 해
외를 달리는 귀여운 소식 — 조선 가수의 은근히 감춘 맑은 '청'
을 역시 널리 소개하고자 우선 그 첫걸음으로 오는 8일 오후 7시
반부터 8시까지 연예방송 시간에 유행가사로 이름 있는 왕수복
양의 조선 유행가를 방송하리라 한다."

열여덟 나이에 너무나 큰 영광이었다. 시험적으로 일본 전역에 첫 방송된 조선의 유행가는 히트곡 위주로 전파를 탔다. 더구나 〈아리랑 조선민요〉를 불러 해외에 첫 방송으로 소개한 것이다.

그리고 1935년 3월 28일 JODK 라디오에 평양의 기성권번 기생 선우일선이 출연하여 일본 전역에 중계방송되기도 하였다. 당시 『경성일보』 예고 기사에는,

'선우일선 양은 평안 사람, 신민요 가수로서 전선(全鮮)에 압도
적 인기를 한 몸에 지닌 방년 17세의 미인, 일본 포리도루 전속'

왕수복의 라디오 방송 소개 『조선중앙일보』 1934년 1월 8일

이라고 소개했으며, 이날 방송에서 〈꽃을 잡고〉, 〈무정세월〉, 〈숲 사이 물방아〉, 〈원포귀범〉, 〈그리운 아리 랑〉, 〈남포의 추억〉 등의 6곡을 불렀다. 그녀는 폴리돌에서 많은 신민요를 히트시켜 폴리돌을 '민요의 왕국'이라 부르게 만든 공로자였으며, 1939년에 태평 레코드로 옮겼다.

한편, 기생 왕수복은 레코드 회사에서 기생 출신이라는 점을 일부러 부각시켜 홍보의 수단으로 삼았다.

기생 선우일선의 〈꽃을 잡고〉 가사와 사진

당시 유행가 가수는 대중의 인기를 먹고 사는데, 예전이나 지금이나 별반 차이가 없었다. 하지만 유독 기생 출신 가수에 대한 선입견으로 대중음악이 아닌 다른 외적인 모습을 기대하게 하기도 했다.

1940년대가 되자, 일제는 '태평양 전쟁'을 일으키고 조선총독부는 '성전완수'로 총동원령을 내리게 된다. 당시 유행가 가수들에게 '내선일체(內鮮一體)'를 고취하는 노래들과 침략적 성격의 군가들만 일본어로 부를 것을 강요한다. 조선 민요도 일본어로 부르라고 예외 없이 압박하게 된다. 이렇게 되자, 왕수복은 짓밟힌 민족의 넋조차 마음대로 노래할 수 없고, 재능도 참담게 꽃피울 수 없는 현실을 저주하며 1942년에 끝내 예술계와 결별하고 말았다. 나라 없는 설움 속에서 제 노래도 자기 말로 부를 수 없던 그때를 왕수복은 이렇게 회상하였다.

"그때 저는 밤잠을 이룰 수가 없었어요. 나를 그처럼 믿고 사랑하는 조선 청중 앞에서 일본 말로 조선 민요를 부른다는 것은 변절, 배신과도 같이 느껴졌어요. 그때 내 나이 25세, 한창 노래를 불러야 할 때였고, 또 청중의 사랑을 받을 때였지요. 그런데 가요 무대를 버린다는 것은 나에게 있어서 진짜 비극이었어요. 얼마나 울었는지 아침이면 퉁퉁 부은 눈으로 회사에 나가곤 했어요. 나는 지금도 그때를 생각하면 눈시울이 뜨거워지곤 합니다. 그러니 20여 년을 잃어버린 것으로 되었어요. 1년 동안 생각해 봐도 도저히 일본 말로 내 나라 민요를 부를 수는 없었어요."[27]

가요계는 제2차 대전이 한창이던 1942년에 조선군 보도부의 강요로 전쟁 협력에 나서게 되어 치욕의 시대를 맞았다. 연예인들은 징용 나간 사람, 학병들을 위한 위문공연에 동원되고, 이른바 총력전 수행을 위한 전쟁 분위기 고취를 위해 일본 군가를 불러야 했다.

먼저 끌려간 사람들이 곧 톱클래스의 인기 가수들이었다. 남인수 등은 경성방송국에 출근하다시피 매일 나가야 했던 것이다. 이 무렵 많이 부르게 한 군가에는 지원병 나가는 것을 권장한 〈아들의 혈서〉, 〈우리는 제국 군인이다〉라는 노래 등이 있었다. 1943년에는 국책영화라는 〈기미토 보쿠〉(너와 나)가 나왔는데, 남인수는 이 영화의 주제곡 〈너와 나〉를 취입했다. 이와 때를 같이해서 초창기 가요 보급에 큰 공을 세웠던 '콜럼비아', '빅터' 등 미국계 회사를 '적성국가계'를 몰아 이 두 회사는 철수했다.[28]

조선 근대음악사를 새로 쓴 대중가수 기생

어느 시대에나 유행하는 노래는 존재한다. 1930년대에 들어와서는 창작가요가 등장하고, 민요를 서양식 음보에 맞추어 대중화에 성공하는 신민요도 탄생한다.

일제강점기, 곧 20세기 전반기는 한국 음악사에서 매우 중요한 위치에 놓여 있다. 일제강점기가 우리 역사의 근대화 과정에 놓인 시기라는 일반사적 관점에서도 그렇지만, 특히 근대 음악사의 발전 과정에서는 그 시대가 새로운 음악문화를 등장시킨 하나의 전환기적 시기였다는 사실 때문이다. 오늘의 현대 음악 상황의 뿌리와 직접적으로 관련되어 있다고 볼 수 있다.

일제강점기를 전환기적 시기로 보아야 하는 까닭은, 급격한 사회변동에 따라 생성된 새 음악문화의 등장이 그 시대를 앞 시대와 구분 짓도록 만든 전환기적 사건의 하나이기 때문이다. 그 새 음악문화의 이면에는 현 대중가요의 뿌리에 해당하는 신민요, 유행가, 신가요, 유행소곡 등과 같은 새로운 갈래의 노래들이 작사자와 작곡가들에 의해서 창작됐다는 사실이 존재한다. 새 노래문화의 창작자들이 출현했다는 사실은 음악사적 관점에서 보면 일제강점기 이전에는 없었던 명백한 증거물이라는 점에서 커다란 의미를 지닌다.[29]

당시까지만 해도 음악 창작과 보급의 유일한 통로였던 레코드 회사들에 전속된 작곡가들은 회사 측의 강요에 따라 유행가풍의 대중가요 창작에 몰두하다 보니 신민요와 같은 민요풍의 가요 창작에는 눈을 돌리지 못하고 있었다. 일부 신민요곡들이 나오긴 하였으나 그 창작이 활발하게 진행되지 못하고 있었다.

다른 한편, 민요풍의 가요들을 짓는다고 하여도 그것을 훌륭하게 형상할 수 있도록 민족적인 발성과 창법을 깊이 체득한 가수들이 무척 적었다. 가곡, 가사 등 전통적인 민족 가요 가창에 능하였던 가수들의 경우 신민요를 유행가의 일종으로 보면서 그 가창에 나서지 않고 있었던 것도 작곡가들이 신민요 창작에 선뜻 나서지 못하게 된 까닭이라고 볼 수 있다.[30]

한국 근대음악사의 발전 양상은 구한말의 개방화 정책과 함께 급변하는 사회 변동에 따른 여러 양상에 의해서 드러난다. 그 급변양상의 대표적인 실례를 꼽자면 현대식 극장의 등장, 유성기 음반의 발매, 방송국이라는 대중매체의 설립 등과 같은 음악 외적인 요소들을 들 수 있다. 그리고 찬송가와 창가 보급에 따른 서양음악의 오선보와 작곡가에 의한 창작품의 출현, 판소리의 창극화와 산조의 유파 형성 등이 사회적 급변 양상의 사례들이자, 음악의 근대화 양상과 관련된 대표적인 실례들이다.

이러한 흐름 속에서 1930년대 본격적으로 작곡가에 의해서 새로 등장한 '신민요(新民謠)'라는 성악의 갈래가 일제강점기 전통 민요와 유행가의 중간 다리 역할을 맡았던 전환기적 시대의 산물로 볼 수 있다.

레코드 가수 중에서 대부분은 평양이 차지하고 있었다. 대표적으로 왕수복을 비롯하여 선우일선, 최연연, 김연월, 한정옥, 김복희, 최명주 등을 꼽을 수 있다. 이들의 전부가 기성권번의 기생이었다. 레코드계를 평양 기생들이 리드한 것은 사실일 것이다. 두말할 것도 없이 이들이 상당한 인기를 끌고 있고 또 그렇기 때문에 점점 그들의 수도 늘어갔다. 이를 시작한 이가 바로 왕수복이었다.

레코드 가요를 가장 많이 수요한 층은 기생이었다. 그녀들이 술자리에서 노래를 많이 불러줄수록 유행가가 되는 데 많은 도움이 되었으므로, 레코드 회사는 기생들을 주요 구매층으로 매우 중요시 여겼다.

레코드 회사는 전국에 대리점을 두어 신곡이 나오면 우선 테스트만을 보낸 뒤 지구별로 대리점의 주인들을 초빙, 레코드를 틀어서 감상회를 가진 다음, 즉석에서 '나는 얼마쯤 팔 수 있다'는 주문을 받는 것이 보통이었다. 이 사람들을 레코드 회사의 '세일즈맨'이라고 했는데 레코드 회사의 운명은 바로 이 세일즈맨의 수완에 달린 것이었다.[31]

왕수복은 일제강점기 권번 출신의 인기 가수로 신민요뿐만 아니라, 그 당시의 유행가나 신가요와 같은 새 노래들을 부르게 된다. 1930년대 후반 비권번 출신의 신진 남녀 가수의 등장 이전까지 작사자와 작곡가에 의해서 창작된 유행가와 신가요의 가수로 활약함으로써, 일제강점기 가요사의 전환기적 임무를 수행했다고 보아도 무방할 듯싶다. 왜냐하면 이들의 뒤를 이어 등장한 비권번 출신의 신진 남녀 가수들이 주로 유행가와 유행소곡 또는 신가요의 가수로 데뷔했기 때문이다.[32]

가요계는 차츰 레코드에서 무대로 옮겨가는 경향이 있어 연극 등 공연에서의 가수 출연이 늘어났다. 이에 따라 가수들의 주머니 사정이 좋아지기 시작하였다.[33]

평양에는 '명가수'니 '조선 제일의 소프라노'니 하고 축음기 회사의 비행기를 태우는 듯한 선전이 주효하여 기생 가수가 속출하고 그 인기가 상당하였다. 여기에 재미가 들린 각 축음기 회사는 명가수를 쟁탈하느라고 암투를 계속하고 있었다.

그리하여 우선 폴리돌 회사는 왕수복과 김춘홍(金春紅)을 맺는 데 성공하여 1933년 8월 24일 비행기로 도쿄에 갔다. 당시 말로만 '비행

기를 태운다'라고 하는 게 부족하여 정말 비행기를 태우는 모양이라고 신문에서 풍자되었다.[34]

1935년 1년 동안 일제강점기의 조선에서 팔리는 레코드는 120만 장 정도였다. 이 중에 '조선 소리판'이 1/3쯤 되어, 매년 4~50만 장의 구매자를 가지고 있었다. 그 노래를 듣고 즐기는 수백만 명의 사람들을 가지고 있는 레코드계를 움직이는 이들이 바로 '거리의 꾀꼬리'인 가수들이었다.[35]

초기 대중가수들의 인기 측정은 물론 박수의 많고 적음이었다. 기생 전성시대인 1930년대 초에는 기생들의 인력거가 가수들의 인기를 측정하고 있었다. 이 무렵 큰 도시에 가서 공연을 할 때면 극장 뒷문에는 으레 몇 대의 인력거가 대기하는 것이었다. 이 인력거는 기생들이 인기 가수를 초대, 자기를 돋보이게 하기 위해 보내는 것이었다. 공연이 끝난 뒤 '저에게 놀러 오십시오' 하여 초청하는 것이니 인력거에 올라타기만 하면 인력거를 보낸 기생을 상대로 하나에서 열까지 무료로 융숭한 대접을 받는 것이었다고 한다.

영화, 패션, 광고 등으로 종횡무진하는 기생의 활약상

초창기 영화에 출연한 배우도 기생 출신의 영화배우가 중심이었다. 각종 전람회와 박람회에 흥을 돋우기 위한 예능의 기예도 각 권번 기생들의 몫이었다. 1900년 '파리만국박람회'에 조선의 특산품으로 기생을 출품하려고 한 당시의 상황만 하더라도 기생의 활약상을 단적으로 보여준다.

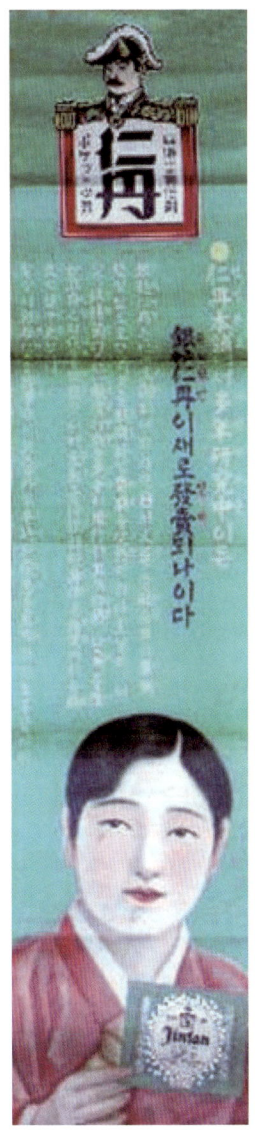

평양 명기 김옥란의
은단 광고 포스터
(은단(銀丹) : 입 안을 시원하게
하려고 할 때, 멀미를 하거나
체했을 때 먹는 작은 알약으로,
시원하고 향긋한 맛이 난다)

경인철도 개통 초기에 손님이 거의 없었다. 그러자 철도회사는 승객을 유치하기 위한 궁여지책으로, '평양 명기 앵금', '인천 기생 초선' 하는 식으로 주요 역 정거장 마당에 기생 이름을 적은 푯말을 꽂아놓고, 일종의 라이브 공연을 벌였다. 더 나아가 기생들은 기차 칸칸마다 타고 출발역에서 종착역까지 오가면서 승객 유인에 한몫을 했다.

신문광고에 등장하는 제품광고 및 잡지, 행사 포스터의 표지 사진, 웨이브 파마의 모델들도 기생들이 주축을 이루었다.[36]

초창기의 인쇄광고는 사진을 쓰지 않았다. 1920~30년대는 광고에 모델을 등장시킨 지 얼마 되지 않았을 때이다. 이들이 광고하는 제품을 통해, 당시 일반 대중이 받아들였던 기생의 이미지를 미루어 짐작해 볼 수 있다. 기생을 모델로 한 광고의 형태나 그 소구방식은 놀랄 정도로 현재와 흡사하다. 많은 여자 연예인 중에서도 정확히 그 제품의 이미지와 맞는 인물을 찾아내 논을 더 주고서라도 광고모델로 발탁하는 지금의 모습과 당시의 모습이 그리 다르지 않다.

기생들은 유행을 선도하기도 하였다. 1930년대에는 '단발미인'이라는 용어가 널

20세 전후의 왕수복 음반 홍보 사진

리 퍼질 만큼, 이전 시대부터 실행해 온 단발이 신여성들 사이에 크게 유행했다. 웨이브를 주는 파마까지 등장해 퍼져나갔다. 처음에는 화력을 이용한 '고데'를 하는 바람에 모발이 많이 손상되었다. 하지만 서구에서 파마 기구가 수입되면서부터는 한층 안전하고 편리해졌다. 당시 파마의 가격은 쌀 두 섬에 해당할 정도로 엄청났다. 그렇지만 주로 기생을 선두로 해서 차츰 확산되었다.

당시의 권번 기생들은 현재의 연예인처럼 방송, 음악, 영화, CF, 행사 도우미 등 활발한 활동을 전개한다. 권번은 지금의 연예인 기획사나 매니저의 역할로 볼 수 있다. 또한 권번 기생은 당국의 '기생영업인가증'을 받아야 하는데, 오늘날의 '개인사업자 등록증'처럼 직업으로서 인정받았다.

웃음과 기예를 팔던 기생을 대신하여 권번이 화대를 받아주고, 이를 7:3의 배분으로 나누어 가졌던 상황이 요즈음 연예인들과 얼마나 흡사한지 일일이 열거하기 어려울 정도이다.

1930년대 기생 수입은 당시 다른 직업의 임금보다 상당히 많은 편에 속했다. 기생은 1시간당 실수입이 1~1.2원이며, 한 달 동안 화대 수입은 평균적으로 2~300원 이상이 되었다. 당시 쌀 1가마에 7~8원이었던 것에 비하면 화대는 싼 것이 아니었다. 한 번 가면 3~4시간에 5~6원의 벌이는 되었다. 그러다 어쩌다 돈 잘 쓰는 한량을 만난다든지 자신에게 마음이 있는 남자를 만나게 되면, 호의를 보이느라 화대를 특별히 더 많이 받기도 하였다. 물론 권번에는 규정대로의 수수료만 내면 그만이었다. 기생의 수입은 당연히 많아지게 되었다. 1937년 하반기 6개월분의 서울 소재 기생의 수입은 아래와 같다.

종로권번 기생 수입 순위표[37]

1	최금란(崔錦蘭)	1,875원
2	박송자(朴松子)	1,850원
3	설명희(薛明姬)	1,836원
4	고봉(高峰)	1,448원
5	김명주(金明珠)	1,396원

당시 대중들은 기생에 대한 호감과 배척이라는 이율배반적인 시선을 갖고 있었다. 한쪽에서 보면 기생들은 적어도 봉건적인 유물로서 배척해야 할 대상이었으나, 실제적인 면에서는 현대적인 대중문화의 스타로 대우받았던 것이다.

06

조선미술전람회 모델 기생들

그림 모델의 효시, 권번 기생 일화

일제강점기 활동했던 화가들은 근대화와 식민이라는 시대를 살아가야 했던 근대인들의 모습을 그려냈다. 신지식의 세례를 받은 지식인과 신여성, 구국애족의 희망으로 부상한 어린이들에 대한 관심 등이 화폭에 담겼다. 여기에 기생도 중요한 화폭의 대상이었다.

우리나라에서 서양화의 모델을 누가 처음 했는지 알 수 없다. 다만 최초의 서양화가였던 고희동 화백이 1915년 가을에 그린 작품 〈가야금을 타는 여인〉의 모델을 권번 기생으로 했다는 사실이 전해진다. 이는 그 당시 굉장한 유명세를 탔다. 이 무렵 서양화가들은 애인을 모델로 작품을 제작한 경우가 많았는데, 항상 같은 얼굴의 그림을 그려 화제가 되었다고 한다.

지금은 광고만 하면 쉽게 모델을 구할 수 있지만, 1920년대만 하더라도 모델 구하기가 쉽지 않았다. 여성 모델을 구할 수 있는 것은 권번에 출입하는 기생밖에는 없었다.

동양화는 누드모델이 아닌, 옷을 입은 코스튬인데도 이해 부족으로 모델이 되기를 꺼렸다. 자기 얼굴과 똑같이 그려서 광고라도 할양이면 혼인 줄이 막힌다고 생각했던지, 여염집 아가씨는 누구라도 모델 서기를 두려워했다. 그래서 그때에는 모델 선 사람을 찾는 것이 힘들었다.

1923년 조선미술전람회 입선작품 기생 오산홍의 〈난초〉

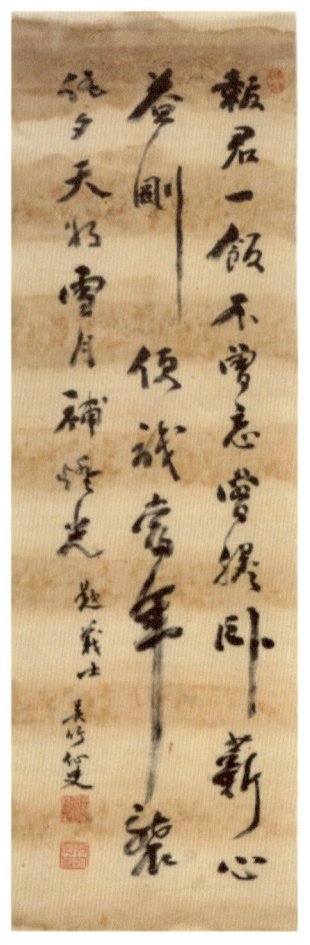

기생 오죽심의 작품

한편, 조선미술전람회(朝鮮美術展覽會)에 입선을 한 기생이 생겨나기도 했다. 바로 기생 오산홍이었다. 1924년 6월 제3회 조선미술전람회가 영락정 상품진열관에서 열리게 되었는데 오귀숙(吳貴淑)의 〈난초〉가 입선하였다. 기명(妓名)이 오산홍(吳山紅)으로 권번 기생이었기에 일반인들의 주목을 많이 끌었다고 한다.

근대 조선미술계를 좌지우지한 조선미술전람회

일제강점기 조선총독부가 주관하여 1922년 개최된 조선미술전람회는 '선전(鮮展)', '조미전(朝美展)'으로 불리었다. 일제는 3·1 운동을 계기로 문화통치를 표방하는데, 이 과정에서 조선인 미술가 단체인 서화협회의 오세창(吳世昌)·고희동(高羲東)·안중식(安中植) 등이 1921년 제1회 서화 협회전을 열어 심상치 않은 민족의식과 주체성 있는 단합으로 창작활동을 하였다. 이를 견제하고 조선 미술의 근본적인 개조를 촉진하기 위해서, 조선총독부는 일본의 관전인 문부성전람회와 제국미술전람회를 본떠, 조선미술전람회를 개최하였다. 최대 규모의 종합미술전으로서 조선미술전람회를 설립한 것이다. 그해 6월 1일 제1회 전람회를 열었다. 초기에는 제1부 동양화, 제2부 서양화, 조각, 제3부 서예, 사군자로 국한하여 작품을 공모하고, 입선·특선의 심사 전시를 하였다.

1932년 11회전부터는 서예, 사군자(四君子)부를 제외시키고, 제3부를 공예, 조각부로 개편하여 운영하였다. 심사에는 조선인이 동양화부와 서예, 사군자부에 한 해 참가하기도 했다. 1927년의 제6회전부터는 전원 일본인으로 교체되어 일본의 관전 출신 작가들이 심사위원의 주류를 이루게 되었다.[38]

조선미술전람회는 관전으로서의 문제점을 안고 있어 비판이 일기도 하였지만, 그 규모와 권위가 커져갔다. 그 결과, 한국 근대 미술은 전통과의 단절과 자율적 발달의 제약, 그리고 현실 대응력의 상실이라는 문제점에 봉착하였다. 심지어 관전 아카데미즘의 폐단이 광복 후 대한민국미술전람회까지 영향을 끼쳤다. 그러나 선전은 여러 분야에서 재능 있는 신진들을 발굴하고, 미술계 진출을 뒷받침함으로써 한국 근대 미술의 양적 성장에 기여한 바를 부인할 수 없다. 선전은 1944년 제23회를 끝으로 폐지되었다.

기생 김명애를 모델로 그린 〈춘향초상〉 그리고 〈간성〉, 〈미인도〉

이당(以堂) 김은호(金殷鎬, 1892~1979) 화백은 1939년 남원 광한루에 있는 춘향사당(春香詞堂)에 모실 춘향의 초상을 그릴 때에 역시 조선권번에 나가던 기생 김명애를 모델로 삼았다.

이당 김은호 화백의
〈춘향사당 영정〉

김명애는 국악원장을 역임한 함화진(咸和鎭) 씨 소실의 딸이어서 명성도 있었고, 가야금 솜씨도 좋았다. 춘향사당은 춘향의 일편단심을 기리기 위해 1931년에 세워진 영정각이다. 광한루의 동쪽, 절개를 상징하는 대나무 숲속에 있다.

1938년 고고학자 · 조각가 · 문사 · 연출가 등이 모여 제1, 2차 국일관 모임에서 '춘향상'을 어떻게 그릴 것인가 하는 방향이 잡았다. 고증위원들의 통일된 의

견은, 우선 처녀 춘향을 그리되 명랑하고도 총명하고 의지가 강하여 절개 있는 모습을 그릴 것, 옷은 그 시대를 가려 170~200년 전의 풍속을 참고하여 다홍치마에 연두저고리를 입히는데 긴 치마·짧은 저고리에 회장을 달아서 아주 얌전한 옛 색시를 그릴 것, 미인이어야 하고, 앉은 초상보다 서 있는 춘향이가 더 좋다는 결론이었다.

이당은 여러 사람의 의견을 종합한 뒤 다시 남원으로 내려가 먼저 색지(色誌)를 살펴봤으나 춘향에 관한 기록이라고는 찾아볼 수 없었다. 다시 노기(老妓)를 찾아 춘향의 이야기를 들어보았지만 본인이 아는 이상의 이야기를 들을 수 없었다고 한다.

결국 녹의홍상의 아름답고 청순한 '처녀상'으로 춘향의 화상을 그리기 시작했다. 옷감의 옛 형태와 무늬를 알아보기 위해 창덕궁 선원전에 가서 옛날 왕실의 옷감 견본들이 있는 곳을 들어가 보았다. 선원전에는 약 300년 전 것이라는 저고릿감의 '배리불수(排梨佛手)'라는 비단과 150년 전 것인 '수나(갑사)' 치맛감이 있어 춘향의 옷도 그것이면 무난할 것 같다고 여겼다.

또한 조선권번에 들려 춘향의 모델을 찾았는데, 소녀기(少女妓) 김명애(金明愛)가 그 주인공이었다. 그는 이당화실 이묵헌(以墨軒)에까지 와서 모델을 해줘 생각보다 수월하게 완성됐다. 『조선일보』, 『동아일보』 1939년 5월 21일자 신문을 참고하면 길이 6척 5촌, 너비 3척 5촌의 화폭에 그려진 16세 춘향의 입상은 다문 입술에 곧은 의지가 엿보이는 데다 동양미의 최고봉이어서 보는 이로 하여금 저절로 머리를 숙이게 한다고 평가되었다.

입혼식(入魂式)은 5월 26일(음 4월 8일) 하오 1시에 광한루에서 하기로 되었다. 이때 남원은 물론 전주, 정읍, 대전, 통영 등의 수백 명 기

▲ 이당 김은호 화백의
〈간성〉 '마작하는 기생'

◀ 이당 김은호 화백의
〈미인도〉 '기생 김옥진'

생이 모여 각종 가무와 창으로 춘향을 추모할 계획이었다. 초상을 수레 위에 싣고, 은행에서 광한루까지 기녀 1백여 명이 줄을 늘어서 행렬을 벌였다. 초상의 사례금은 2천 원이었고, 현준호 은행장은 '춘향사'를 수리하느라 많은 사재를 쾌척했다.

이당의 〈간성(看星)〉은 비단 채색(138×86.5cm)으로, 1927년 조선미술전람회에 출품한 작품이다. 담배를 피우며 점을 보고 있는 여성은 '전통적인 여성상'에서 벗어나지만, 여성의 몸가짐은 매우 단아하여 아이러니하다. 〈간성〉은 마작을 하는 기생을 그린 것이다. 방 안에서 마작으로 그날의 운수를 점치고 있는 여인은 한복을 곱게 입고, 화면 전반부에 주인공으로 부각되어 있다.

새장 안에 갇힌 앵무새, 나팔꽃, 생기를 잃은 죽엽, 재가 담긴 재떨이는 나른하고 정적인 분위기를 자아냄과 동시에 기생의 운명을 암시하는 듯하다. 기존의 '유한문화'를 반영하는 봉건적 가치를 갖는다. 〈간성〉은 새로운 현실적 표현감각과 색채 면에서 한결 부드러워진 이당 미인도의 특징을 갖고 있다.

이당의 1935년 〈미인도〉(비단 채색, 143×57.5cm)는 국립현대미술관에 소장되어 있다. 〈미인도〉도 1923년 평양 기생 김옥진 초본을 바탕으로 제작했다. 이당은 정확한 관찰력과 섬세한 묘사법을 통해 실제감 있는 인물화를 다수 제작했다. 특히 왕실 인물들의 초상 제작을 담당했을 만큼 인물화에 있어 독보적인 명성을 누렸다.

〈미인도〉 작품은 땅 위에 피어 있는 민들레와 화면 좌측 상단에 뻗어 나온 꽃나무를 배경으로, 우아한 포즈의 여인을 배치했다. 이러한 구성방식은 그의 전형적인 수법으로, 이후 그의 화풍을 추종한 많은 화가에 의해 계승되었다.

〈미인도〉는 조선 시대 후반에 유입된 청대(淸代)의 양식에 영향받은 것이다. 그림 속의 인물을 한복을 입은 우리나라의 여인으로 개량하고, 그 모습을 정면에 크게 부각시켰다. 여백의 효과를 이용한 점은 새로운 미인도의 전형을 독자적으로 창조한 것으로 평가된다. 여인의 부드러운 곡선미를 보여주는 간결한 필선미와 부드럽고 화사한 색채가 돋보이는 수작이다.

기생 민산홍과 〈푸른 전복〉, 기생 권부용과 〈승무〉

월전(月田) 장우성(張遇聖, 1912~2005) 화백은 1941년 제20회 선전에서 특선, 총독상을 받은 〈푸른 전복〉(비단 채색, 192×140cm)을 그릴 때에도 조선권번 기생 민산홍을 모델로 썼다.

명륜동 4가에 있던 광명관(光明館)이란 일본 하숙집 2층 8조 다다미방을 쓸 때였다. 당시에는 모델도 구하기 힘들었지만, 소품을 구하기가 더 어려웠다. 한복 입은 여성이 전복(戰服)을 입고, 벙거지를 쓰고, 부채를 펴 들고, 의자에 앉아 있는 그림인데, 벙거지를 구하기가 꽤 힘들었다. 물론 무당 부채도 마찬가지였다. 포교들이 쓰던 벙거지를 무당집에서 돈을 주고 빌려 왔다고 한다.

월전 화백의 회고에 의하면 "민산홍은 예쁘지는 않았지만 훤하게 생긴 여자였다. 〈푸른 전복〉이 특선에 뽑혔다고 신문 발표가 나던 날은 민산홍이 일부러 내 하숙집인 광명관까지 찾아와 나보다 더 좋아했다. 마치 모델인 자기가 상이라도 탄 것 같은 기분으로 모델 선 보람을 느낀다면서 나를 축하해줬다."고 하였다.

'전복'은 군인이나 관창이 소매를 달지 않고 뒷솔기를 터 다른 옷 위에 덧받쳐 입던 옷을 말한다. 이런 전복을 입고 한바탕 부채춤을 추고 난 여인이 의자에 앉아 쉬고 있는 모습이다. 꽃신을 벗어놓고 벙거지를 쓴 채 무당 부채를 들고 있는 폼이 퍽 인상적이다.

그 후 〈푸른 전복〉은 작가가 고향인 여주에서 뒤늦게 1983년에 찾아내 세상에 그림이 알려졌다. 월전 장우성 화백이 1937년 조선미술전람회 제16회 입선작 〈승무〉(비단 채색, 139.5×192.5cm)를 그릴 때, 그림 모델은 조선권번의 기생 권부용이었다. 그때 참 애먹은 일이 많았다

월전 장우성 화백의
〈푸른 전복〉 '기생 민산홍'

월전 장우성 화백의
〈승무〉 '기생 권부용'

고 한다.

　조선미술전람회는 여러 논란이 많다. 그중에서도 주로 활동한 근대 미술 화백들의 친일 행적에 대한 의견에서 자유롭지 못하다고 평가를 받는 실정이다.

07

빅데이터 통계로 본 기생의 작명법

조선 기생의 '기명(妓名)'

기생은 춤·노래 또는 풍류로 술자리나 유흥장에서 흥을 돋우는 일을 직업으로 삼는 예기(藝妓)의 총칭이다. 그 대표적인 호칭 중에 관기(官妓)는 천민 계급의 다른 대상에 비해 변별성을 갖는다. 기생 제도는 대략 고려 시대부터 생겨난 것으로 보는 관점이 지배적이다. 고려 문종 때 '팔관 연등회'에 여악(女樂)을 베푼 것이 관기의 시초라 볼 수 있다. 조선 시대에 들어와 많은 관기가 생겨 태조가 개경에서 한양으로 천도할 때 많은 관기가 따라갔다고 한다. 역대 왕이나 왕족들이 기생을 데리고 즐긴 예는 옛 문헌에서 쉽게 찾아볼 수 있다.

조선 시대 관기 설치의 목적은 주로 여악과 의녀로서, '약방 기생', 또는 '침선'을 담당하는 '상방 기생'까지 생겼으나 주로 연회나 행사 때 노래·춤을 맡아 하였다. 거문고·가야금 등의 악기도 능숙하게 다루었다. 관비는 관에 소속된 여자 노비였고, 관기는 여기에 덧붙여 바로 연회 공연예술을 배웠다는 점이 달랐다. 그곳에서 관기는 어린 동기(童妓)의 성정(性情)을 살펴서 기생의 이름, 즉 기명(妓名)을 작명하였다.

그 이후 일본 제국주의에 의해 섹슈얼의 대상화된 여성의 이미지는 특히 '관기'라고 찍은 사진엽서에서 두드러지게 발견된다. 사실 권번의 '기생'을 찍어놓고 조선의 '관기'라고 표기하는 것은 의도적이다. 이는 나아가 청순하고 가련한 기생의 수동적이고 애처로운 이미지를 일본에 보호받아야 하는 식민지 조선의 표상으로 본 것이다.

소리에서는 아무래도 남도 기생을 친다지만 춤에서는 서도 기생의 자태를 이기기 힘들었던 모양이다. 남남북녀라는 말이 있듯이 서북도 여자들은 후리후리하게 키가 커서 보기 좋았다고 한다. 키가 크니 몸의 곡선도 살아있고 팔다리도 길어 춤추는 모습이 마치 한들한들 나부끼는 수양버들 같고 학, 두루미 같았다고 한다.

평양 기성권번 소속의 김옥란 기생은 특별한 기록이 남아있다. 서전황태자(瑞典皇太子, 스웨덴 황태자)인 칼 구스타프 6세 아돌프(Gustaf VI Adolf, 재위 1950~1973)가 1926년 10월 평양에 와서 기생학교의 아씨들이 추는 승무를 보고 몹시 반하였다는 기록이 당시 신문에도 나와 있다. 구스타프 6세는 당시 고고학을 연구할 목적으로 일본을 거쳐 조선의 경주, 경성의 각 고분과 평양을 중심으로 한 낙랑, 강서 화강암 벽화 등을 견학하는 일주일 예정으로 왔었다. 재위하는 동안 입헌군주의 역할을 인정하고 받아들여 새로운 형태의 민주적 왕실을 만드는 데 공헌했다. 그는 격식을 차리지 않고 대중에게 친밀하게 접근하

기생 김옥란 사진

고 화려하고 성대한 것들을 싫어했다고 한다. 이로 인해 국민들로부터 많은 지지를 얻어, 공화정에 대한 주장을 잠잠하게 만들었다고 한다. 1973년 그의 손자인 칼 구스타프가 국왕으로 즉위하여 지금까지 재위하고 있다.

그때 황태자 앞에서 춤을 춘 이가 바로 명기 김옥란(金玉蘭)이었다. 고깔 쓰고 장삼 입고 첩첩산중 깊은 산골로 아장아장 걸어 나오는 거동과 몸맵시에서 느껴지는 부드러움을 처음 만난 사람이라면 누구라도 반했을지 모른다.

그러니 경복궁 안에서 서도 각시들이 춘앵무를 추었을 때, 영국 영사와 미국 영사가 어쩔 줄 모르고 기뻐하였던 일도 무리는 아니었을 것이다.

'기명(妓名)'의 빅데이터(Big data) 텍스트 마이닝(text mining) 분석 시도

빅데이터는 글자 그대로 '대량'의 '정보'라고 말할 수 있다. 이러한 뜻은 아래와 같이 개념으로 현재 이해되고 있다.

> "Big data란 대량의 다양한 정보뿐만 아니라 신속한 정보의 수집 및 처리속도를 갖추는 것, 나아가 데이터의 불확실성을 인지하고 분석을 통한 비즈니스 가치를 찾아내는 것이라 할 수 있다."[39]

빅 데이터 분석은 대량의 데이터로부터 숨겨진 패턴과 알려지지 않은 정보를 찾아내기 위한 과정이다. 이러한 분석은 의사결정 시 최선의 대안을 선택할 수 있도록 근거를 제시하는 중요한 역할을 한다. 불확실성이 높고 의사결정이 초래하는 파급효과가 큰 의사결정일수록 실제 데이터 분석을 바탕으로 의사결정을 해야 한다. 많은 기업에서 빅데이터를 활용하여 주요 의사결정을 내리고 있다. 따라서 효과적인 빅데이터 분석을 위해서 일반적으로 빅데이터 분석 플랫폼을 구축해야 한다.[40]

이를 위해서 1919년 『조선미인보감』에 수록된 611명과 1929년 『조선박람회협찬보고서』에 수록된 511명, 도합 1,122명을 대상으로 작명법에 대한 데이터를 처리한 결과를 분석하고자 하였다.[41]

기생의 작명법에 대한 자료는 짧게 언급[42]된 바 있다. 이를 빅데이터 분석 용도에 따른 데이터 분석 기법에서 '텍스트 마이닝(text mining)'으로 시도하였다. 텍스트 마이닝은 텍스트 기반의 데이터로부터 새로운 정보를 발견할 수 있도록 정보 검색, 추출, 체계화, 분석을 모두 포함하는 Text-processing 기술 및 처리 과정을 말한다. 무엇보다도 텍스트 내에 존재하는 단어의 등장횟수 등을 평가하여 '문서 간의 유사성을 수치화'하는 텍스트 데이터를 분석하는 방법을 설명한다. 이를 위해서 유사 문서 분류 및 문서 내 정보 추출과 같은 결과를 산출이 가능하다.

1) '날 비(飛)'가 들어간 기명(妓名)에는 춤에 대한 작명으로 댄스, 승무 등에 두드러져 있다. 한성권번 출신들의 고비봉(高飛鳳), 고비련(高飛蓮), 박비취(朴飛翠) 등을 들 수 있다. 유달리 특상승무(特上僧舞), 특남도잡가(特南道雜歌) 등이 돋보인다.

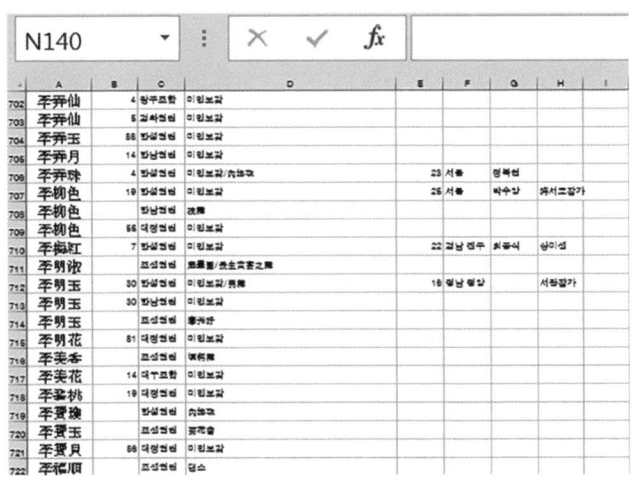

텍스트 마이닝의 Text-processing 기술 및 처리 과정은
텍스트 내에 존재하는 단어의 등장횟수 등을 평가하여
'문서 간의 유사성을 수치화'하는 텍스트 데이터 분석

2) '무늬 채(彩)'가 들어간 기명(妓名)에는 춤에 대한 작명으로 봉래의(鳳來儀), 사고무(四鼓舞), 춘광호(春光好), 팔검무(八劍舞) 등으로 한성권번 출신들의 곽채옥(郭彩玉), 권채선(權彩仙), 이채경(李彩瓊), 이채란(李彩蘭), 특히 이채선(李彩仙)의 경우는 박람회축하무(博覽會祝賀舞), 향령(響鈴)에 뛰어났다. 조선권번 출신의 댄스를 잘 추었던 김채주(金彩珠), 이채홍(李彩紅) 등을 꼽을 수 있다.

3) '아름다울 금(錦)'이 들어간 기명(妓名)에도 춤과 창(唱)에 대한 작명으로 한성권번 김금홍(金錦紅)의 경우는 특상우조계면(特上羽調界面), 경서잡가(京西雜歌)에 뛰어났고, 김금희(金錦姬)는 춘앵무(春鶯舞), 검무(劍舞), 무산향 등에 능했고, 이금주(李錦珠)는 박람회축하무(博覽會祝賀舞), 댄스로 유명했다. 그밖에 다른 권번에

서도 이금향(李錦香), 이금홍(李錦紅) 등도 널리 알려져 있다.

4) '구슬 옥(玉)'이 들어간 기명(妓名)에는 주로 창(唱)에 대한 작명으로 한성권번 김옥엽(金玉葉)은 박람회축하무(博覽會祝賀舞), 조선산업무(朝鮮産業舞) 등의 춤도 아울러 뛰어났다. 조선권번의 계옥란(桂玉蘭) 경우는 정방별곡(正方別曲) 등을 알려져 있다.

5) '매난국죽(梅蘭菊竹)'이 들어간 기명(妓名)에는 뛰어난 외모와 더불어 춤과 창도 뛰어났다. 이매홍(李梅紅)의 샤미센, 정매화(鄭梅花)의 선유락(船遊樂), 김난옥(金蘭玉)의 연백복지무(演百福之舞), 이난향(李蘭香)의 남무(男舞), 김난주(金蘭珠)의 선유락(船遊樂), 장생보연지무(長生寶宴之舞), 홍국화(洪菊花)의 박람회기념무(博覽會紀念舞), 김국심(金菊心)의 선유락(船遊樂), 안죽향(安竹香)의 선유락(船遊樂), 이송죽(李松竹)의 협무(挾舞) 등을 거론할 수 있다.

6) 김학선(金鶴仙), 김학희(金鶴喜)의 한성권번 출신으로 특낭방/서도잡가 등도 남달리 능했다.

7) 한성권번은 유달리 김일점홍(金一點紅), 김일지홍(金一枝紅), 김일타홍(金一朶紅), 김춘외춘(金春外春), 김화중선(金花中仙), 김화중월(金花中月), 유금성춘(柳錦成春), 문초운학(文楚雲鶴), 박화중선(朴花中仙), 손난이심(孫蘭李心), 안월중화(安月中花), 이강남월(李康南月), 이란이심(李蘭李心), 이영산홍(李暎山紅), 이은하월(李銀河月), 장설중매(張雪中梅), 장해상화(張海棠花) 등으로 많았다. 물론 조선권

번도 이금수홍(李錦水紅), 이화중선무(李花中仙舞), 임백합자(林白合子), 최화중월(崔花中月), 박난이심(朴蘭李心), 박일지홍(朴一枝紅), 서사호주(徐珊瑚珠) 등도 확인된다.

8) '춘하추동(春夏秋冬)'이 들어간 기명(妓名)에는 주로 성정이 드센 경우에는 그 기운을 누르라고 기명(妓名)을 지었다. 유춘도(柳春桃), 유춘심(柳春心), 이춘선(李春仙), 명추월(鳴秋月), 조추월(曹秋月) 등이 보인다.

9) '진(眞)'이 들어간 기명(妓名)에는 동기 중에서 유독 뛰어난 경우에 한성권번 김진옥(金眞玉)의 박람회축하무(博覽會祝賀舞), 향령(響鈴), 남무(男舞) 등과 정진홍(鄭眞紅)의 특검무(特劍舞), 승무(僧舞) 등, 그리고 이진홍(李眞紅)의 사고무(四鼓舞), 조선권번 김진주(金眞珠)의 국화무(菊花舞), 이진봉(李眞鳳)의 선유락(船遊樂) 등이다.

'기명(妓名)'의 작명(作名) 의미

1927년 기생 동인집지 『장한』에 수록된 선난홍의 글은 아래와 같이 조선과 다른 일제강점기의 화류계를 구분하게 한다.

옛날 화류계와 지금 화류계가 어쩌면 그렇게 달라졌어요. 기생은 재상이라는 말이 지금도 간혹 듣는 말이나 이 말은 지금 와서는 도저히 쓸 수 없는 말 같습니다. 옛날 기생은 손님이 데리고 지금 기생은 기생이 손님을 데리고 논다고 하여도 과언이 아니라고 합디다. 이 말은 다시 말하면 기생이 많다는 것이요, 기생의 노는 범위가 넓어졌다는 것이지요. 우리 기생의 복색이라든지 언어라든지 행동이 기생 고유의 특색을 내버리고 함부로 날뛰는 까닭이겠지요. 지금 우리네는 옛날 기생과 같은 지조를 같지 않은 까닭이겠지요. 그래서 지금에 우리를 찾는 손님들도 옛날 손님과 다르십니다. 그 행동과 대우가 어디 없음을 우리는 당하는 터입니다. 그런즉 세상은 점점 새것으로 쉬일 사이 없이 변하여 가지만은 우리는 도리어 옛날로 돌아가야 하겠습니다. 지금 우리로서는 옛이 너무도 그립습니다. 이것은 물론 우리 기생을 위해서 옛날 기생과 같이 고상한 지조를 가지고 기생의 고유한 특색을 발휘하기 위하여 그리운 것입니다.[43]

   기생의 작명법은 데이터 분석 기법에서 '텍스트 마이닝(text mining)'도 텍스트 내에 존재하는 단어의 등장횟수 등을 평가하여 '문서 간의 유사성을 수치화'하는 텍스트 데이터를 분석하였다.
   특히 당대의 조선 기생은 명월(明月), 계월향(桂月香), 홍랑(洪娘) 등 자부심을 돋울 작명에도 불문율이 있었다.

08

기생에 대한 편견과 차별

천민 차별의 대상, 관기의 역사

기생을 관장하는 기관으로는 장악원이 있었다. 여기서는 음률, 가무 등을 기생이 갖추어야 할 기본 기예를 가르쳤다. 그밖에 예의범절, 한시, 서화 등을 가르쳐 그들이 접대하는 사대부와 격을 맞추도록 하였다. 기적(妓籍)에 올라와 있는 관기는 그 부역, 즉 '기역(妓役)'에서 벗어날 수 없었다. 관기의 정년은 50세이기에 더욱 그랬다. 이러한 '기역'은 노비였기에 관비의 딸은 '수모법(隨母法)'에 따라 계승하였다. 이처럼 기생은 조선 사회에서 양민도 못되는 이른바 팔천(八賤)의 하나였다. 신분적 제약으로 인해 이별과 배신을 되풀이당하는 경우가 많았다.

신윤복, 「연소답청(年少踏靑)」, 『혜원전신첩』, 간송박물관, 국보135호

관기의 폐지, 차별의 역사성

1894년 갑오개혁의 노비 해방과 관기의 해방은 별개였다. 1895년 갑오개혁 이듬해 예조에 소속되어 있던 장악원(掌樂院)이 궁내부 장례원(宮內府 掌禮院)으로 소속이 바뀐다. 2년 뒤 관제 개혁 때에는 장악원이 교방사(敎坊司)로, 1907년에 교방사는 장악과(掌樂課)로 축소 개칭되면서 궁내부의 예식과에 소속되었다.

국권이 피탈되면서 장악과를 이왕직 아악대로, 1913년에는 이왕직 아악부로 교체됐다. 교방사 설치 시 772명의 악원 수가 1917년 57명으로 줄어들었다. 이 또한 일제에 의해 치밀하게 계산된 조선 궁중 아악의 말살 정책으로 볼 수 있다.

그런데 1895년 이후 궁중 관기는 장악원 직제에 있는 것이 아니라 태의원(太醫院)과 상의사(尙衣司)로 소속되면서 관기 해방 기록에 혼동이 일어났다. 태의원의 의녀는 1907년에 상의사의 침선비(針線婢)와 함께 폐지되었다. 따라서 직제상 관기가 폐지된 것이다.

1907년 12월 14일 『대한매일신보』에 관기가 자신의 소속을 밝히고 자선 연주회를 개최한 기사가 나온다. 이 기사에서 궁내부 행수 기생, 태의원 행수 기생, 상의사 행수 기생 등이 자선 연주회를 발기 한다고 했다.

궁중에 속해 있어야 할 관기가 궁중 밖에서 궁내부, 태의원, 상의사의 이름을 걸고 독자적으로 연주하였다는 점이 눈에 띈다. 행사에 초대된 것이 아니라 관기들이 직접 연주회를 주최하고, 이는 궁중 윗전의 허락이 있어서 가능했다. 궁중의 허락과 상관없이 기생들이 독자적으로 연주할 수 있었기에 가능하다. 그런데 궁중무와 민속무의 종

덕수궁 중화전에서 있었던 궁중 관기 공연을 기념한 사진으로,
거의 당시 공식적인 관기의 마지막 모습

공연이 끝난 후 기념사진을 찍은 관기의 모습이라고 하나 뒤쪽 중앙에 '승무' 복장으로
미루어 보면 궁중의 관기 공연은 아니다. 승무는 민가에서만 공연되었다.

춤 복장을 하고 사진관의
연출된 배경에서 포즈를 취하는 관기

관기의 춤사위를 보여주는
정장한 모습으로 연출된 사진

목이 섞여 있다는 점이 특이하다. 궁중 소속 관기라면 민속무, 즉 승무·북춤은 추지 않았다. 이것은 여악의 전통이 흔들렸거나 궁 밖에서의 연주였기에 가능했다.

1908년 7월 13일 『대한매일신보』의 기사에 따르면 경성고아원을 위한 자선연주회가 장안사에서 열렸다. 조선 관기들의 마지막 무대 공연으로 볼 수 있다. 조선의 여악이 실질적으로 해체된 것이다. 하지만 국가에 소속된 일종의 공인 예술가로서 '관기'라는 개념이 공식적으로 사라진 것은 1908년 9월 15일 '기생 및 창기 단속 시행령' 제정 때부터이다.

1908년 9월 15일 『황성신문』을 보면 상방과 약방과 장악과에 관련되었던 관기를 앞으로는 경시청에서 관리한다는 기사가 실린다. 경시청을 통해 관리받게 되었으니 기생들은 이제 궁내부와 전혀 관련이 없게 되었다. 그날 바로 '기생 및 창기 단속 시행령'이 제정되었고, 10월 6일 '기생 및 창기 단속 시행심득'이 내려졌다.

관기에서 권번 기생

경시청에 의해 모든 기생들이 기생 조합소로 조직되어 가무 영업 허가를 받아 활동하게 되었다. 기생에 대한 감독과 통제는 이미 치밀한 준비하에 계획되고 있었다. 궁중 관기가 사라진 것이 이 무렵이었다. 그 궁중 관기를 요릿집에서나 볼 수 있게 되었던 것이다.

이처럼 관기 제도가 폐지되고, 기생들이 서울로 몰려들어 요릿집들이 매일 밤 성시를 이루어 장사가 잘되는 것까지는 좋았다. 여기에도 골치 아픈 일이 차차 생겨나기 시작했다. 찾아온 손님이 부르고 싶은 기생의 이름을 대면 일일이 연락해서 불러와야 했다. 한 기생을 놓고 신분의 고하가 있는 몇 사람이 서로 불러오라고 으르렁대는 경우도 생겼다. 불려 온 기생이 실수를 범하거나 손님이 너무 무례하여 시비가 벌어지는 날에는 요릿집 주인이 일단 책임을 져야 했다. 무척 번거롭고 신경 쓰이는 일이었다. 이와 같은 불편을 덜기 위해 생각해 낸 것이 기생조합이다.

이와 같은 이해타산 속에서 태어난 조합도 출신 지방별로 따로따로 모이게 되어, 광교 쪽에 자리 잡은 광교기생조합은 서울 출신과 남도 출신들이 많이 모이게 되었다. 다동기생조합은 거의 평양지방 출신인 서도 출신들로 구성되었다. 이러한 조합이 일제에 의해 1914년 '권번(券番)'으로 바뀌게 되는데, '검번' 또는 '권반(券班)'이라고도 불렸다.

'권번'은 후에 장악원의 기능을 맡았다. 경성의 한성권번과 평양의 기성권번에는 기생학교가 있어 14세에서 20세까지의 처녀를 입학시켜 가곡 외에 예의·서예 등을 가르쳐 예능과 교양을 겸비하게 하였다.

기생에 대한 호감과 배척이라는 이율배반적인 성격을 지니고 있었다. 한쪽에서 보면 기생들은 적어도 봉건적인 유물로서 배척해야 할 대상이었으나, 실제적인 면에서는 현대적인 대중문화의 스타였던 것이다. 기생제도는 조선 시대에 발전하여 자리를 굳히게 되어 기생이라 하면 일반적으로는 조선의 기생을 지칭하였다. 사회계급으로는 천민에 속하지만 시와 서에 능한 교양인으로서 대접받는 등 특이한 존재였다. 그러나 일제강점기를 거치면서 타락한 소수의 사이비 기생과 유녀들이 '기생'으로 참칭하면서 기생 이미지는 왜곡되었다. 뭇사람들도 '기생 파티'란 말을 거부감이 없이 사용하고 있다. 그러나 본질

성수만강(聖壽萬康)이 새겨진
허리띠를 두른 관기

면에서나 역사적 시각에서나 기생의 이미지는 보존되어야 한다. 그리고 이를 지켜낼 의무는 기생 연구자의 몫으로도 남겨져 있다.

09

조선 기생의 북망산 '선연동'

조선 기생의 역사적 삶

한·중의 기녀의 역사는 동아시아의 중세 문학 시기와 밀접하게 관련되어 있다. 중세(中世) 공동문어(共同文語) 시기, 즉 중세 문학은 문명권 공통의 공동문어와 보편적 종교가 지배한 시대이고, 삼국·남북국 시대의 '기(妓)'에서부터 조선 후기의 '관기(官妓)'에 이른다. 반면에 중국의 경우, 춘추시대(春秋時代)의 '기(妓)'에서부터 청(淸)나라 시기의 '관기(官妓)'까지라고 볼 수 있다.

우리나라 기생의 역사에서 관기 제도는 조선 말기까지 존속하였다. 그 소생의 딸은 수모법(隨母法)에 따라 어머니가 관기이면 딸도 관기가 되어야 했다. 조선 시대의 교방은 기생을 관장하고 교육을 맡아 보던 기관으로 가무 등 기생이 갖추어야 할 기본 기예는 물론, 행의(行儀)·시·서화 등을 가르쳤다. 8, 9살이 된 기생은 동기(童妓)라 한다. 교방에서는 12세부터 교육을 시켰다. 춤을 잘 추는 기생은 무기(舞妓),

조선 시대 교방의 흔적을 찾을 수 있는 동기(童妓) 사진

기생의 거문고와 양금 연주 사진

왼쪽부터 노옥화, 윤농월, 이난향, 이화향으로 〈연화대〉 공연하는 복장을 한 사진

노래를 잘하는 기생은 성기(聲妓) 또는 가기(歌妓)라 불렀다. 또한 악기를 잘 다루는 기생은 현기(弦妓) 또는 예기라 하였다. 외모가 뛰어난 기생은 미기(美妓), 가기(佳妓), 염기(艶妓), 특히 사랑하는 기생은 애기(愛妓), 귀엽게 여기어 돌아보아 주는 기생은 압기(狎妓)라 하였다. 나이가 지긋한 기생 나이로 보아 장성한 기생은 장기(壯妓)라 하는데, 의로운 일을 한 기생들이 많아 의기(義妓)로 칭송받았다. 물론 기생의 우두머리는 행수 기생으로 도기(都妓)이다. 어두운 호칭으로는 노래와 춤과 몸을 파는 기생을 창기(娼妓), 천한 기생은 천기(賤妓), 기생 퇴물이라는 뜻으로 퇴기(退妓) 등을 든다. 조선 후기에 두드러지는 기부(妓夫), 즉 액례(별감)·승정원 사령·의금부 나장·포교·궁가·외척의 겸인 청지기·무사 등의 등장은 후대에 오랫동안 지속된다.

대원군 시절에 금부나장과 정원 사령은 오직 창녀의 서방이 되는 것으로 허락하였을 뿐 관기의 서방이 되는 것을 허락하지 않았다. 기생을 첩으로 삼으려는 자가 있다면 반드시 기생 서방에게 돈을 주고 그 몸을 속량(贖良)해야 한다. 이는 그동안 먹여 살린 비용을 갚는 것으로 사회적 합의였다.

조선 시대 기생의 배출지로 이름났던 곳은 서울·평양·성천·해주·강계·함흥·진주·전주·경주 등이다. 일제강점기에는 권번(券番)이 이 지역에서 이러한 역할을 이어갔다. 어린 기생에게 노래와 춤을 가르쳐 기생을 양성하는 한편, 기생들의 요릿집을 시휘하고 그들의 화대(花代)를 받아주는 역할이었다. 비로소 일반인도 요릿집에서 만날 수 있는 존재가 된 기생은 권번에 적을 두고 세금을 바쳤다. 이들 권번 기생은 다른 기녀들과는 엄격히 구분되었다. 기생에 대해서는 호감과 배척이라는 이율배반적인 감정이 함께 있었다. 한쪽에서 보면 기생들은 봉건적인 유물로서 배척해야 할 대상이었으나, 실상은 현대적인 대중문화의 스타이기도 하였다.

일제강점기 기생의 근대적 삶

권번의 기생들은 일종의 노동자로 이렇게 벌어 부모와 형제를 먹여 살리고 공부시키는 갸륵한 여자도 있는 반면에, 가정을 파탄으로 몰아가는 주인공이 되기도 하였다. 청년이 기생한테 애정을 느껴 결혼을 약속하였지만 완고한 부모의 반대로 결혼을 할 수 없게 되자 목숨을 끊는 일도 생겼다. 그 당시 봉건적인 구식 결혼과 자유연애 결혼과의 과도기에서, 부모의 명령으로 어려서 결혼한 남자들이 구식 여자에 대한 불만으로 기생을 불러 쉽게 사랑에 빠진 경우가 많았다.

기생은 여자들에게 당시 법률이 당당하게 공인하는 하나의 직업이었다. 일반인들이 보기에 기생의 생활은 사치스러웠다. 당시 기생 중에는 문맹자가 많아 대개 지식이 부족했지만, 여러 손님을 겪었던 만큼 의사표시에 있어서 민첩하고 간곡한 점은 있었다. 일반인과 대화를 하면 노래 가사에서 기억한 구슬픈 어구를 그대로 인용하면서, 한(恨) 맺힌 호소가 그칠 줄 모르게 길어졌다고 한다.

그녀들을 가장 서럽게 하는 것은 '기생은 가장 편한 직업이다. 이 직업은 자기들의 인격을 완전히 앗아 버린다'고 하는 관념이었다. '나는 기생이다' 하는 생각이 자기들의 모든 직업적 행동을 용감하게 하는 동시에, 가끔 깊은 구렁 속에 자신을 빠트려 정체성의 혼란을 겪게 된다. 그래서 때로 자존심과 양심의 마음속으로부터 처절한 눈물을

경회루에서 포즈를 취한 기생 사진

흘리게 되는 때가 있었다고 고백하곤 하였다. 손님 중에는 한 기생을 기생으로 사랑하는 것이 아니라 인격적으로 사랑해주어, 백년가약을 마음으로부터 맺고 지내는 일도 있었다. 그러나 그것도 겪어보면 머지않아 변하는 것이 다반사였다. 화류계에서 남성들이 기생을 사랑한다는 것은 대부분 일시 희롱이라고 보았다.

기생의 중심 표어는 '한 살이라도 젊을 때 부지런히 돈 모으자' 하는 것뿐이었다. '여러 남성이 너에게 사랑을 속살거려도 귀를 기울이지 마라. 그것은 대개 다 헛것이오, 혹은 오래가지 못할 것이다. 아무리 일시적으로 인기가 좋고 명기 소리가 높아도 그것의 영원성을 믿지 마라. 봄이 가고 꽃이 늙어지면 문전이 냉락하리라' 하고 스스로 경계하였다. 그녀들은 생생한 경험을 통해 '연애에 빠지면 대개는 반

1920년대 요릿집에서 기생 공연 장면 사진(조선총독부)

드시 망한다'는 공통 결론을 얻었다. 기생은 '기생질'할 때 기생다워야 한다고 주장하였다.

그녀들의 유일한 목적인 돈벌이가 '놀음채'이기에 밤잠을 도무지 자지 못하는 것이 무엇보다도 고통이었다. 오래 그 생활을 계속하는 동안 습관이 되어 밤을 꼬박 새고 몸을 인력거에 싣고 집으로 돌아갈 때는 그 직업을 저주하지 않을 수 없었다.

권번 기생의 회한을 표현한 듯한 사진
(기생 오신월)

기생들은 놀음판에서 제일 싫은 사람이 돈 주고 불러왔으니, 마음대로 해도 좋다고 몸을 함부로 취급하는 무정한 손님이라고 하였다. 반면에 기생의 처지에 대하여 동정해주고 이해하는 손님은 제일 좋아하고, 더욱이 노인 손님은 대개 귀여워 해

주고 까다롭게 굴지 않으므로 수월하여 가장 선호하였다고 한다. 그와 같이 돈을 모아서 장차 무엇을 하겠는가에 대한 질문은 기생 수만큼 답이 다양하였다.

"무엇을 하든지 모아 놓고 보겠습니다."
"이 황금만능 세상에 돈 많이 있으면 무엇을 못 하겠습니까. 돈 모아서 잘살아 보겠습니다."
"돈을 모아서 화류계를 떠나는 날 순진한 남성을 돈으로 사서 일생을 살려고 합니다."
"23세까지만 기생 노릇을 하고 그다음에는 공부하여 상당한 남자와 결혼하여 나도 사회의 일을 해보겠습니다."

사실 한평생을 기생으로 마친다는 것은 '을씨년스러운 일'이라고 하였다. 기생들은 자신들의 정체성에 대한 고민의 흔적을 여기저기에서 드러내고 있다. 꽃다운 나이에 뭇 남성에게 웃음을 파는 시간만큼 적지 않은 수입을 얻을 수 있었지만, 흔들리는 인력거 안에서 새벽녘 집으로 돌아가면서 흘리는 눈물도 그녀들만 갖는 회한이었다.

기생의 북망산 '선연동'

'선연동(嬋娟洞)'은 평양기생의 북망산(北邙山)으로 알려진 평양부 북쪽 칠성문(七星門)에 있었던 기생의 장지(葬地)를 말한다. 그 묘지를 '선연동', 즉 기생의 '곱고 예쁜 고을'이라 불렀다. 평양기생은 죽으면

「평양관내도」 선연동(嬋娟洞) 표시

모두 여기에서 장사를 지냈다. 단순히 선연동은 기생들의 무덤이 아니다. 처연(悽然)한 삶을 살아간 기생이 이승을 떠나 저승으로 가는 공간이었다. 선연동은 시를 통해서 평양기생의 것만이 아니라, 조선 기생의 북망산으로 확대된다. 이곳은 시인들이 기생들의 생전 모습과 죽은 뒤의 모습을 대비적으로 음영하기를 즐겼던 장소이기도 하였다.

기생은 사대부 연회에 가무 음률과 시서화를 할 줄 아는 해어화로 '선연동'에 묻혔지만, 시인들은 그곳을 찾아 손님으로서 아쉬웠던 미진한 풍류를 즐기고 싶다는 것을 시로 다시 살려냈다. 반면에 기생의 아름다움도 '선연동'처럼 흘러가는 세월 앞에서 속절없다는 깨달음은 추모의 시로도 표현되었다. '선연동'은 한때 풍류의 화려한 중심이었던 '기생'이 지니고 있던 '미'와 '죽음'의 이미지를 모두 지녔다.

풍류 지향의 이미지는 연행록에 수록된 한시에서 '선연동'을 소재로 하여 잘 드러나고 있다. 당대 뛰어난 시인들은 '선연동'의 묻혀 있는 기생들을 추모하면서 속절없는 인생의 무상함을 깨닫는 감회를 보여주기도 하였다. 추모의 감정이 흠뻑 묻어난 시어들은 선연동에 잠든 슬프고 고운 넋들을 위로하는 역할을 해왔다.

거친 무덤에도 해마다 봄빛은 찾아와
꽃으로 단장하니 풀로 치마 둘렀네.
이 많은 꽃다운 혼들 아직 흩어지지 않고
오늘도 비 되고 구름이 되네.

석주 권필의 한시 속에서는 생전에 아름다웠던 기생이 묻힌 선연동에 꽃다운 혼들이 비와 구름으로 변신한다. 시인들에 의해서 스토리텔링이 되어 평양기생의 것만이 아니라, 조선 기생의 북망산까지 확대된다. 이 때문에 이곳을 지나는 시인들은 반드시 시를 남겼다.

| 맺음말 |

불꽃처럼 살다 간
기생 이야기에 부쳐

연흥사, 단성사, 장안사, 광무대를 중심으로 전문적인 흥행사들에 의해 극장가에는 지속적인 예술인의 수요가 창출되었고, 다양한 기생공연들을 통해 기생들의 약진이 두드러졌다.[1] 전통가무를 중심으로 한 기생들의 활약은 1920년대 후반이 되면 다른 방식으로 전환하였다. 물적 토대로 바뀌고 매체가 발달하면서 전통적인 음악과 무용만을 전수하던 기생업의 전반적인 분화가 이루어진다. 이후 음악기생, 문학기생, 무용기생, 극단 여배우, 대중가요 가수, 화초기생 등으로 나뉘며 대중 예술 일반을 담당하게 되었다.[2]

초창기 연극사에서 여배우가 탄생했던 자연스럽고 자발적인 장면을 찾아내기란 쉽지 않다. 토월회 초기에 여배우를 찾기 위해 직접 기생집을 돌아다니며 여배우를 물색할 수밖에 없었다. 그러나 많은 기생이 광대를 하라는 것은 사람을 무시하는 처사라며 거절했다. 당시 광대 노릇을 하면 놀음비도 못받는다는 현실적인 이유로 기피하기도 했다. 그때 인연이 된 배우는 신파극을 하던 '민중극단'의 이월화였다. 또한 토월회 여배우였던 석금성은 기생 출신으로, 권번에 소속된 기생 신분으로 토월회 연극을 구경 왔다가 제작자의 눈에 띄어 여배우가 되었다. 토월회에서는 여배우에게만 월급을 주었다. 왜냐하면 여배우의 희소가치도 있었지만, 대체로 기생 출신이었으므로 당초 극단으로 데려올 때 기생 수입은 보장한다는 약속을 했기 때문이다.

실제로 일제강점기의 조선에서 직업적인 여배우로 활동했던 여성들의 출신 성분은 기생이나 여급 출신, 엘리트 신여성, 1930년대 대중문화의 수혈을 받고 새로운 욕망을 감지하기 시작했던 여학생까지 다양했다. 그중에서도 기생이 여배우가 되는 것이 가장 자연스럽게 여겨지던 시절이었다. 실제로 조선의 최초 여배우는 '개량단(改良團)'의 연쇄극으로 데뷔한 기생 출신 김소진(金少珍)이었다.[3] 기생 출신인지라 창을 잘 불렀기 때문에 구극과 신파를 함께 하는 연극에서 돋보이는 활약을 했지만, 정숙하지 못한 행동으로 극단에서 쫓겨나 영화계로 옮겨갔다고 한다.[4]

한국 여배우로는 '여배우 열전'에서 '식민지 시대 트로이카'에 대한 의견이 분분하다. 그중에서 연극계의 기생 출신 이월화, 복혜숙, 그리고 석금성 등은 첫 연극계의 트로이카로 말할 수 있지 않을까 한다.

일제강점기는 우리 민족의 장구한 역사에서 민족의 정통성과 역사가 단절된 특별한 시기였다. 이 시기에 벌어진 식민지적 경제의 파행과 왜곡된 근대화 과정 등으로 정치·경제·문화·사회 등 여러 분야에서 심각한 후유증이 남았다.

오늘날 '근대(近代)'라는 말은 널리 사용되고 있고, 여러 곳에서 논의되는 말이기도 하다. 하지만 아직 그 개념 규정이나 내용에 관해서는 일치된 견해가 없다. '전근대적인 상태로부터 근대적인 상태로 이행하는 과정' 또는 '후진적 상태에서 선진적 상태로 발전해 가는 과정'이라는 근대화의 정의는 보편적 개념으로 받아들일 수 있다. 특히 근대화의 척도 중에 '대중매체의 광범위한 보급'은 보편적인 근대화의 개념과 구분되는 봉건 사회에서 자본주의 사회로의 이행이라는 근대화 개념을 확인할 수 있는 좋은 예이다.

조선 땅에 1920년대 중반부터 레코드산업이 시작된다. 판소리와 민요 등을 일본에 가서 취입한 사람들은 당대의 명기·명창들이었다. 1925년 11월에 발매한 〈조선소리판〉이라는 레코드에 당시 유행했던 일본 유행가를 처음으로 우리말로 부른 노래 '시들은 방초(원제: 船頭小唄)'를 취입한 사람은 도월색(都月色)이었고, '장한몽(원제: 金色夜叉)'은 김산월(金山月)이 불렀는데, 이들은 모두 기생 출신이었다. 나아가 1930년대 이후 레코드산업이 본격화되자 당대 명기·명창들은 서둘러 레코드업계로 진출했다.[5] 1930년대에는 스포츠가 볼거리와 유흥의 대상으로서 등장하기 시작했고, 미국 영화의 상영으로 도시적 감수성, 서구화된 육체와 성에 대한 개방적 관심이 증폭되었으며, 이에 따라 '모던 걸'과 '모던 보이'가 거리로 쏟아져 나왔다. 이에 맞추어 '카페'도 보급되었고, 기생출신 '카페'의 여급도 많이 늘었다. 요릿집보다 카페에 손님 수요가 많아지자, 권번의 기생들은 차츰 화류계에서도 밀리는 상황을 맞는다.

이 시기에 평양 기생 출신에서 대중스타로 변신한 왕수복(1917~2003)의 등장은 주목할 만하다. 왕수복이 태어난 시기는 3·1 운동에 위협을 느낀 일제가 종래의 무단정치 대신 표면상으로는 문화정치를 표방하던 때였다. 일제는 서둘러 과제를 고치고 조선어 신문의 발행을 허가하는 등 타협적 형태의 정치를 펴는 듯하였으나, 내면으로는 민족 상층부를 회유하고 민족분열 통치를 강화하였다. 동아일보, 조선일보, 시대일보 등 우리말 신문 간행이 바로 이러한 문화정치의 산물이다. 이런 시대적 배경을 뒤로 하고, 왕수복은 12세에 평양 기성권번의 기생학교에 입학하고 졸업 후에 레코드 대중가수로 진출하기 위한 준비를 한다. 이어 왕수복은 콜럼비아에서 폴리돌 레코드로 소속을 바꾸면서 '유행가의 여왕'으로 등장한다.

왕수복은 건장한 몸집과 같이 목소리도 우렁차고 기운 좋고 세차게 나왔다. 특히 평양 예기학교, 즉 기생학교를 졸업한 만큼 그 넘김에는 과연 감탄하지 않을 수 없고 본 성대가 아니라 순전히 만들어 내는 성대이면서도 일반 대중에게 열광적 대환영을 받아 〈고도의 정한〉은 조선 최고의 유행가가 되었다. 레코드 판매도 조선 레코드계에 있어서 최고를 기록했다. 왕수복이 평양 기생으로 세상을 놀라게 하는 대가수가 되자 콜럼비아·빅터 등 각 레코드 회사의 가수쟁탈전은 평양 기생들을 싸고 전개되는 양상을 띠었다.

이와 함께 한국 음악사에서 매우 중요한 1930년대가 열리고 있었다. 근대음악사의 발전과정에서는 그 시대가 새로운 대중음악을 등장시킨 하나의 전환기였고 그 중요한 획을 그은 이가 평양 출신 기생 왕수복이었다. 이처럼 급격한 사회변동에 따라 생성된 새로운 대중음악의 등장은 그 시대를 앞 시대와 구분 짓도록 만든 전환기적 사건이었다. 바로 지금의 대중가요의 뿌리에 해당하는 유행가·신민요·신가요·유행소곡 등과 같은 새로운 갈래의 노래들이 이 시기에 작사자와 작곡가들에 의해서 창작됐다는 사실 때문이다. 새 노래문화의 창작자들이 출현했다는 사실은 음악사적 관점에서 보면 일제강점기 이전에는 없었던 명백한 증거물이라는 점에서 커다란 의미를 지닌다. 이러한 흐름 속에서 1930년대 본격적으로 작곡가에 의해 새로 등장한 '신민요(新民謠)'라는 성악의 갈래는 일제강점기 전통 민요와 유행가의 중간 다리 역할을 맡았던 전환기적 시대 산물이라고 볼 수 있다.

신민요의 등장은 근대의 단초를 제공한다. 왜냐하면 근대화는 전통적 사회에 내재된 전통적인 바탕 위에서 외재적인 요소를 가지고 변질 또는 변형시키는 과정을 보여주기 때문이다. 신민요는 전통적인 문화에 외래적인 문화가 더해진 문화적 종합화라고 보아야 한다. 이처럼 레코드 산업의 등장은 새로운 수요를 창출할 뿐 아니라, 새로운 가수의 등장을 예고하기도 했다. 그것은 기존의 서양음악가나 전통음악가와 달리, 새로운 수요에 적극적으로 응대할 수 있는 유행가 가수를 의미하는 것이었다. 1928년에서 1936년 사이에 콜럼비아, 빅터, 오케이, 태평, 폴리돌, 리갈, 시에론 등 각 레코드사들은 음반 제작에 기생 출신의 여가수들을 잇따라 참여케 함으로써 1930년대 중반 레코드 음악의 황금기를 장식했다.

이처럼 1930년대는 중요한 전환점으로 볼 수 있다. 봉건적 잔재의 전근대 표상이었던 '기생'이 근대의 표상으로 일컬어지는 대중문화의 '대중스타'로 바뀌는 과정은 바로 근대 사회로의 변화 모습이다. 레코드 축음기의 보급은 대중매체의 광범위한 보급으로 설명할 수 있으며 그 레코드 가요의 주축 팬은 기생들이었다. 기생들은 레코드에서 배운 노래를 술자리에서 불러 유행에 도움을 주어 레코드 회사에서 보면 큰 고객이었고 이에 따라 판매 전략이 세워지는 것이었다.

결국 대중문화를 이끌어가는 한 축이 바로 전근대 표상이었던 기생이었기에, 기생 출신이었던 왕수복, 선우일선, 김복희 등 3명이 1935년 발표한 『삼천리』, 잡지 10대 가수 순위에서 5명의 여자 가수 중에 1위, 2위, 5위를 차지하며 대중 유행가의 여왕으로 부상하게 되었던 것은 어쩌면 당연한 일이었다.

이를 보면 기생은 오늘날 연예인의 선조다. 재주와 끼도 많고 스캔들도 만들고, 대중 인기의 수명을 가졌다. 항상 안정된 삶을 위해 은퇴를 생각하고 멀티플레이어의 전형으로 자신의 영역을 넓히려고 한다. 레코드 가수로 성공하면 영화에 진출하고, 경성 라디오방송에 출연하기를 좋아하는 것이 그 좋은 예다. 그러면서도 사생활을 밝히기 싫어하며, 예뻐지기 위해 뭐든 하였다. 그 당시 잡지와 신문의 연예란은 그들을 봉건적인 타파의 대상이 아니라 근대의 대중스타로 대우해주었다.

이처럼 권번에 소속된 기생들은 라디오의 음악방송에 주로 출연하고, 축음기의 음반을 취입하여 대중적 인기 가수의 반열에 올라선 이들도 있었다. 초창기 영화도 기생 출신의 영화배우가 중심이었으며, 각종 전람회와 박람회에 흥을 돋우기 위한 예능의 기예도 각 권번 기생들의 몫이었다. 1900년 '파리 만국박람회'에 조선의 특산품으로 기생을 출품하려고 한 당시의 상황만 하더라도 이를 단적으로 보여준다.

광고 모델의 이미지는 광고를 의뢰한 회사가 즉시 어떠한 메시지를 전달하고자 할 때 매우 중요한 요소가 된다. 이러한 중요한 역할을 담당한다는 것은 인지도 면에서 비교적 파급력이 크다는 것을 의미하는데, 일제강점기에 기생들은 그러한 면에서 조건을 만족시키는 사회적 계층이었던 것이다.

일제강점기에 기생이 등장하는 신문광고는 대부분이 미용과 관련된 제품이다. 일반적으로 샴푸, 비누, 화장품의 광고는 대부분 기생이 등장한다. 기생에 대한 인식이 바뀌기 전까지 아마도 이들은 지금의 연예인과 같은 존재였을 것이다. 외양이 아름답고 가무에 소질이 있으며, 이들의 삶의 이야기와 에피소드는 곧바로 대중의 화젯거리가 되고 일반적 여성들에 비해 미용과 패션, 화장 등 미적인 면에서 월등히 시대를 앞서나가며 유행을 선도해 나간다는 점에서 볼 때 이들은 지금의 여자 연예인과 같은 존재로 인식된다. 분명 조선의 일반 여인들은 이들의 이러한 면을 부러워하고, 또 따라하고 싶었을 것이고 광고를 하는 회사들은 바로 이점을 놓치지 않았다.

초창기의 인쇄광고는 사진을 쓰지 않았으며, 1920~1930년대는 광고에 모델을 등장시킨 지 얼마 되지 않았을 때이다. 이들이 광고하는 제품을 통해 당시 일반 대중이 받아들였던 기생의 이미지를 미루어 짐작해 볼 수 있다.

기생을 모델로 한 광고의 형태나 그 소구 방식은 놀랄 정도로 현재와 흡사하다. 많은 여자연예인 중에서도 정확히 그 제품의 이미지와 맞는 인물을 찾아내 돈을 더 주고서라도 광고 모델로 지목하는 지금의 모습과 그리 다르지 않다.[6]

1919년은 누구나 알고 있듯이 기미년 3월 1일 독립만세운동이 일어났던 해이다. 나라의 자주독립이 가장 절실한 과제였던 만큼 그 참여계층에 있어 기생도 예외는 아니었다. 그해 매일신보, 동아일보 등 각 일간지에는 수원기생 김향화(金香花, 1897~?)를 비롯한 해중월, 벽도, 월희, 향희, 월선, 화용, 금희, 채주 등이 3월 29일에 수원경찰서 앞에서 만세를 부르고 동문을 경유하여 서문으로 시위행진을 하였다는 기사가 실렸다. 김향화는 주동자로 체포되었고, 징역 6월을 선고받았던 사실이 기록되어 있다. 그녀는 서울 출신으로 검무, 승무, 정재 춤 등이 뛰어나 당대 이름난 기생이었다.

기생들이 만세운동에 나선 것은 분위기에 휩쓸린 탓이 아니었다. 그들은 유학생이나 지식인 손님을 통해 세상의 흐름을 예민하게 포착하고 있었다. 일제의 기생 단속령 등 식민 통제에 대한 저항도 담겨 있었다. 당시 잡혀간 기생 중에는 징역살이 후 세상에 눈을 뜨고 본격적으로 무장독립투쟁까지 한 이들도 있다. 더구나 후대 출신 성분 논란이 두려워 기생 신분을 밝히는 경우가 드물어 역사에 기록된 경우는 많지 않았다.

이 외에도 1919년 기생조합 소속 기생들이 전국 각지에서 전개한 일련의 독립만세 시위가 3월 19일 진주, 3월 29일 수원, 4월 1일 황해도 해주, 4월 2일 경상남도 통영 등 전국에서 전개되었던 사실을 찾아볼 수 있다. 이 사건은 3·1 운동이 한국 민족 전체의 운동이었음을 보여 주는 거사로 큰 화제를 일으켰다. 이 밖에도 일일이 예를 들 수는 없지만, 당시 기생 중에는 민족의식이 투철하여 일본인들을 골탕 먹인 예가 많았다고 한다.

일제강점기 권번 기생들은 교육의 중요성을 어찌 보면 온몸으로 느낀 이들이기도 하다. 이 때문에 1923년 학교에 의연금을 보탠 진주기생들의 이야기는 그리 드문 이야기는 아니다. 당시 진주기생 김연경(金燕卿), 김성구(金成龜), 박근영(朴槿英), 문숙희(文淑姬) 4명은 일신학교 대지 지분에 대하여 무상으로 희사한 사람들에게 점심을 제공하기 위하여 각 기생에게 의연금을 모집하였다는 기록이 있다. 많은 액수의 자본을 모아 전달했다고 한다.[7] 또한 일제강점기 사회사업을 참여한 의식 있는 기생들은 의외로 당시 신문, 잡지의 기록에 빈번하게 수록되어 있다.

1933년에 사회사업가로 알려진 기생 장금향의 이야기는 10년이란 기나긴 동안 쓰라린 기생의 살림으로 돈을 천천히 모은 재산을 내놓은 기생 이야기이다. 장금향(張錦香, 1909~?)은 경성부 익선동 166번지의 5호에 살던 전남 출생의 기생으로 본명은 장달막(張達莫)이고 자기의 종래 기생 생활을 그만두는 동시에 사회 보은이라는 의미에서 그

동안에 저축하였던 저금 중에서 현금 500원을 경성부 사회사업에 또 500원을 자기의 출생지 전남도청에 각각 기부한 것이다. 이 기부를 접수한 경성부에서는 그의 생각이 기특하다고 하여 그를 사회사업 중 방면사업의 기본금으로 지명하여 사용하였다.[8]

이 밖에 1936년에 최금홍과 송학선은 고등보통학교 설립과 증설에 기부한 기생으로 알려져 있다. 황해도 안악에 고등보통학교를 설립하려고 안악 김문중에서 3만 원을 희사하고 그 외 수입을 의연금으로 낸 것은 신문에 보도되었다. 이러한 고등보통학교 설립에 안악읍 기생 최금홍(崔錦紅)은 감격하였다. 안악권번에 적을 두고 눈물과 웃음으로 모은 돈을 아끼지 않고 지난 16일에 안악고등보통학교 설립에 적은 돈이나마 써달라고 하면서 현금 100원을 희사한 것이다.[9] 또한 학령아동 다수 초과로 제3보교 실현의 필요를 절실하던 원산에 있어서 제3보교는 아직 바랄 수 없으나 현재 제2보교 학급조절은 적극적으로 운동하고 있는 이때 원산 춘성(春城) 권번 기생 송학선(宋鶴仙)은 제1보교 졸업생으로 보교 학급 증설비로 300원을 희사하였는데 받은 그의 모교에서 감격하여 마지않았다.[10]

일제강점기에 요릿집은 기생이 상주하지 않고 권번에 연락을 하면 기생이 인력거를 타고 요릿집에 나와 손님을 접대하는 방식으로 운영되었다. 그 당시 기생이 되려면 미모도 뛰어나야 했지만, 영리하고 똑똑해야 했다. 특히 점잖은 양반들의 말뜻을 재빨리 재치 있게 알아차려야 했고, 거기에 합당한 대답을 우아하게 내놓아야 명기라 할 수 있었다. 연석에 참석했을 때 앞에 앉은 친구나 옆에 앉은 손님에게 이 사람은 누구고, 저 사람은 누구냐고 묻는 기생이 있다면 먼저 한점 깎이고 들어가게 된다. 연석에 들어가자마자 눈치를 곤두세우고 좌석에 계신 분들이 누구누구이며 이날의 주빈과 주최자가 누군지를 눈치껏 알아내야 하는 것이다.

연석에 앉을 때에는 반드시 한무릎을 세우고 그 무릎 위에 두 손을 얌전히 포개 놓는다. 요릿집이나 개인집에서 연석이 벌어지는 사랑놀음에 다녀올 때는 시간에 따라 돈을 받게 되었다. 어떤 요릿집에서는 2시간 반이면 3시간으로 넉넉히 시간을 잡아주는 후한 곳도 있었지만, 2시간으로 우수리를 떼는 곳도 있었다.[11]

그러나 아무리 시간을 잘라낸다 하더라도 당시 기생들은 일언반구 항의하거나 싫은 내색을 보여서는 안 되었다. 기생이 시간에 짜증을 내게 되면 그 기생은 행세할 수 없었다. 시간에 따라 계산해 주는 돈도 기생이 자기 손으로 직접 받는다는 것은 그때 풍습으로는 있을 수 없었다. 기생이 돈을 직접 만진다는 것은 천하고 상스러운 것으로 여겼기 때문이다.

1940년대 이전까지 절대다수의 여성 음악인들은 기생이라는 사회적 인식으로부터 벗어날 수 없었다. 이처럼 여성 음악가를 기생으로 한정했던 일제는 다른 방향에서 이들을 예술가로 인식하려 하였다. 일제는 1940년에 들어서면서 예술가들을 억압하기 위한 방편의 하나로 기예증(技藝證)을 발급하였다. 기예증이란 음악인, 연극인, 대중가수 등에게 발급했던 일종의 허가증과 같은 것이다. 일제는 이 증서의 소지자에게만 공식적인 음악활동을 허가하였다.[12] 비록 기예증은 일제의 예술가 통제의 수단으로 활용되었지만, 본래 의도와는 다르게 과거 기생으로 불렸던 여성 음악가들이 가무를 전문으로 하는 예술가로 인식되게 하는 결과를 낳았다. 기생이 다른 분야의 예술가와 함께 공식적으로 예술가로 인정된 것은 주목할 만한 일이었다.[13]

참고문헌

1. 자료

『별건곤』, 『조선일보』, 『동아일보』, 『개벽』, 『시대일보』, 『삼천리』, 『조선중앙일보』, 『장한(長恨)』, 『주간조선』, 『매일신보』, 『모던일본』, 『조선매일신문』, 『실화』.

- 고복수, 「남기고 싶은 이야기-가요계 이면사」, 『중앙일보』, 1971.
- 박헌봉, 「남기고 싶은 이야기-명창 주변」, 『중앙일보』, 1979.
- 신일선, 「남기고 싶은 이야기-무성영화시대」, 『중앙일보』, 1970.
- 이난향, 「남기고 싶은 이야기-明月館」, 『중앙일보』 1970.12.25.~1971.01.21.
- 장우성, 「남기고 싶은 이야기-화맥 인맥」, 『중앙일보』, 1982.01.07.
- 조용만, 「남기고 싶은 이야기-30년대의 문화계」, 『중앙일보』, 1984.08.27.
- 中村資良, 『朝鮮銀行會社組合要錄』, 1929, 1932, 1937, 1939, 1942판.
- 德永勳美, 『韓國總攬』, 東京 博文館, 1907.

2. 논저

- 고일, 『인천석금(仁川昔今)』, 경기문화사, 1955.
- 권도희, 「20세기 기생의 음악사회사적 연구」, 『한국음악연구』 29, 한국국악학회, 2001.
- 권도희, 「기생조직의 해체 이후 여성음악가들의 활동」, 『동양문학』 25, 서울대학교 동양음악연구소, 2003.
- 권행가, 「일제시대 우편엽서에 나타난 기생 이미지」, 『한국미술연구소』 12, 미술사논단, 2001.
- 권혁희, 「사진엽서의 기원과 생산 배경」, 『사진엽서로 떠나는 근대기행』, 부산근대역사관, 2003.
- 김영근, 「일제하 서울의 근대적 대중교통수단」, 『한국학보』 98, 일지사, 2000.
- 김영수, 「1920~30년대 인천의 '관광도시' 이미지 형성」, 『인천학연구』 11, 인천대학교 인천학연구원, 2009.
- 김영희, 『개화기 대중예술의 꽃, 기생』, 민속원, 2006.
- 김진송, 『서울에 딴스홀을 허하라』, 현실문화연구, 1999.
- 김창욱, 「이 땅의 음악을 생각하면서: 일제강점기 음악의 사회사-신문잡지(1910~1945)를 중심으로」, 『음악학』 11, 한국음악학학회, 2004.
- 문경연, 「한국근대대중연극계의 기억과 침묵읽기」, 『드라마연구』 26, 한국드라마학회, 2007.

- 박정호, 「[분수대] 기생 작명법」, 『중앙일보』, 2017.09.14.
- 배연형, 「일제시대의 오케음반목록(1)」, 『한국음악사학보』 9, 한국음악사학회, 1992.
- 배연형, 「이화중선 음반 연구(1)」, 『한국음반학』 9, 한국고음반연구회, 1999.
- 서기재, 「전략으로서의 리얼리티-일본 근대 '여행안내서'를 통하여 본 '평양'」, 『일본어문학』 16, 한국일본어문학회, 2003.
- 성기숙, 「일제강점기 권번과 기생의 전통춤연구」, 한국민속학회 2001년 추계학술대회, 2001.
- 송방송, 「한국근대음악사의 한 양상-유성기음반의 신민요를 중심으로」, 『음악학』 9, 한국음악학회, 2002.
- 신현규, 『일제강점기 기생인물생활사: 꽃을잡고』, 경덕출판사, 2005.
- 신현규, 「기생에 대한 오해와 진실」, 『신동아』 통권 566, 11월호, 2006.
- 신현규, 『평양기생 왕수복-10대가수여왕되다』, 경덕출판사, 2006.
- 신현규, 「〈조선미인보감〉에 수록된 창가 연구」, 『우리문학연구』 21, 우리문학회, 2007.
- 신현규, 「문헌에 나타난 '기(妓)'의 기원연구」, 『한민족문화연구』 23, 한민족문화회, 2007.
- 신현규, 『기생이야기-일제시대의 대중스타』, 살림, 2007.
- 신현규, 「기생 '백운선'을 콘텐츠로 한 스토리텔링의 가능성」, 『어문론집』 43, 중앙어문학회, 2010.
- 신현규, 「선연동 시연구-기생의 무덤을 소재로 한 시가중심으로」 29, 『우리문학연구』, 우리문학회, 2010.
- 신현규, 『기생, 조선을 사로잡다』, 어문학사, 2010.
- 신현규, 「1920년대 기녀 시조문학의 한 양상 연구」, 『시조학논총』 35, 한국시조학회, 2011.
- 신현규, 『중국창기사』, 어문학사, 2012.
- 신현규, 『기생, 푸르디푸른 꿈을 꾸다-일제 강점기 기생의 이야기』, 북페리타, 2014.
- 신현규, 『왕수복 설레는 바다』, 북페리타, 2014.
- 신현규, 『일제강점기 권번기생 연구』, 연경문화사, 2015.
- 신현규, 「운초 시에 나타난 선연동 연구」, 『우리문학연구』 49, 우리문학회, 2016.
- 신현규, 『조선기생선연동연구』, 보고사, 2017.
- 신현규, 「기생 매창을 대상으로 한 문화융복합 연구」, 『문화와융합』 40(1), 한국문화융합학회, 2018.
- 신현규, 「일제강점기 권번기생의 일람표연구(1)-종로권번(1938년) 소속 기생중심으로」, 『문화와융합』 43(5), 한국문화융합학회, 2021.
- 신현규, 「일제강점기 권번기생의 일람표연구(2)-조선권번(1938년) 소속 기생중심으로」, 『문화와융합』 43(10), 한국문화융합학회, 2021.
- 신현규, 「나손 김동욱 선생의 기녀사: 기녀/기생/창기 개념의 정의」, 『근대서지』 26, 근대서지학

회, 2022.
- 신현규, 『기생, 문화콘텐츠 관점에서 본 권번기생 연구』, 연경문화사, 2022.
- 신현규, 「대경성안내와 조선박람회에 등장하는 기생 연구」, 『교방문화연구』 3(2), 한국교방문화학회, 2023.
- 신현규, 「유경의화(1938년)의 부록 '기생의화' 연구」, 『교방문화연구』 3(1), 한국교방문화학회, 2023.
- 신현규, 「일제강점기 권번기생의 일람표연구(3)-기성권번(1929년) 소속 기생중심으로」, 『역사와융합』 7(4), 바른역사학술원, 2023.
- 유민영, 『우리시대 연극 운동사』, 단국대 출판부, 1990.
- 유현목, 『한국영화발달사』, 한진출판사, 1980.
- 이경민, 『기생은 어떻게 만들어졌는가』, 사진아카이브연구소, 2004.
- 이승연, 「일제시대 인천권번에 대한 연구」, 『인천학연구』 6, 인천대학교 인천학연구원, 2007.
- 이창배, 『한국가창대계』, 홍인문화사, 1976.
- 장영철, 『조선음악명인전(1)』 왕수복, 평양, 윤이상음악연구소, 1998.
- 정상진, 『아무르만에서 부르는 백조의 노래』, 지식산업사, 2005.
- 佐藤健, 황달기옮김, 「그림엽서의 인류학」, 『관광인류학의 이해』, 일신사, 1996.
- 佐々木道雄, 『キムチの文化史-朝鮮半島のキムチ・日本のキムチ』, 福村出版, 2009.
- 佐々木道雄, 『前半期・東京の朝鮮料理屋 高級料亭「明月館」の歴史』, むくげ通信205호, 2012.
- 편집부, 『내일을 여는 역사 014』, 서해문집, 2003.
- 황문평, 『夜話 歌謠60年史』, 전곡사, 1983.

| 미주 |

제1부

1 『별건곤』 제66호, 1933.09.01.
2 『동아일보』, 1931.08.09. ; 『삼천리』 제5권 제1호, 1933.01.01. ; 제8권 제4호, 1936.04.01. ; 유현목, 『한국영화발달사』, 한진출판사, 1980.
3 『삼천리』 제4권 제6호, 1932.05.15. ; 제5권 제9호, 1933.09.01. ; 제5권 제10호, 1933.10.01. ; 제6권 제5호, 1934.05.01. ; 제7권 제5호, 1935.06.01. ; 제9권 제4호, 1937.05.01. ; 『별건곤』 제7호, 1927.07.01. ; 『동아일보』, 1926.10.17. ; 『조선일보』, 1937.10.26. ; 1983.01.23. ; 『한국영화총서』, 한국영화진흥공사, 1972. ; 유현목, 『한국영화발달사』, 한진출판사, 1980. ; 신일선, 「남기고 싶은 이야기-무성영화시대」, 『중앙일보』, 1970.11.12.
4 유민영, 『추억의 배우 석금성』, 월간 한국연극(한국민족문화대백과), 1995.11.
5 『장한(長恨)』, 1927.01.10. ; 『매일신보』, 1930.10.03. ; 『동아일보』, 1931.06.17 면수04 단수02.
6 『매일신보』, 1935.01.01. ; 『삼천리』 제7권 제10호, 1935.11.01. ; 배연형, 「일제시대의 오케음반목록(1)」, 『한국음악사학보』 제9집, 한국음악사학회, 1992. ; 배연형, 「이화중선 음반 연구(1)」, 『한국음반학』 제9호, 한국고음반연구회, 1999.
7 『별건곤』 제66호, 1933.09.01.
8 황문평, 『夜話 歌謠60年史』, 전곡사, 1983.
9 『삼천리』 제7권 제5호, 1935.06.01. ; 신현규, 『평양기생왕수복-10대가수여왕되다』, 경덕출판사, 2006.
10 『삼천리』 제7권 제5호, 1935.06.01.
11 『동아일보』, 1923.06.15. ; 『개벽』 제37호, 1923.07.01. ; 『시대일보』, 1924.12.14. ; 『삼천리』 제7권 제7호, 1935.08.01.
12 『조선중앙일보』, 1935.09.15. ; 『장한(長恨)』, 1927.01.10.
13 金東仁, 「女人, 追憶의 더름길」, 『별건곤』 제31호, 1930.08.01.
14 「백석과 기생 자야의 비련의 사랑」, 『주간조선』, 조선일보사, 2003.12.03.
15 전생에서 지은 죄로 이승에서 받는 괴로움을 말한다.
16 「百計留春호대 春不留人하고 萬金惜花호대 花不惜人하야 把我綠鬢紅袖하야 一直蹉跎了兩十光陰이로다 誰道歌曲이 能解愁오 歌曲은 一生의 業寃이로다.」
17 국상을 당해 대궐 문 앞에서 백성이 모여 곡을 하는 것을 말한다.

18 『동아일보』, 1925.11.01. ; 1925.11.03. ; 1925.11.04. ; 1925.11.05. ; 1925.11.06. ; 1925.11.07. 『삼천리』 제4권 제10호, 1932.10.01.
19 『삼천리』 제11권 제1호, 1939.01.01.
20 『동아일보』, 1924.07.16.
21 「예단일백인」, 『매일신보』, 1914.01.29. ; 『삼천리』 제8권 제6호, 1936.06.01. ; 제11권 제1호, 1939.01.01. ; 이난향, 앞의 글.
22 『동아일보』, 1922.06.22. ; 1922.06.24. ; 1923.04.18. ; 1923.12.19. ; 1926.10.08. 長髮散人, 「斷髮女譜」, 『별건곤』 제9호, 1927.10.01.
23 『삼천리』 제8권 제6호, 1936.06.01. ; 제8권 제8호, 1936.08.01. ; 이난향, 앞의 글.
24 백모란, 「파란중첩한 그들의 생활기-기생 생활 23년 나의 자서전」, 『實話』, 1939.01.01.
25 「미스조선심사평」, 『모던일본』 제11권 제9호 조선판, 모던일본사, 1940, 320쪽.

제2부

1 이난향, 「남기고 싶은 이야기-明月館」, 『중앙일보』 1970.12.25.~1971.01.21.
2 이난향, 앞의 글, 1971.
3 편집부, 『내일을 여는 역사 014』, 서해문집, 2003.
4 이승연, 송지영, 「일제시대 인천권번에 대한 연구」, 『인천학연구』 6, 인천대학교 인천학연구원, 2007, 78~82쪽. ; 김영수, 「1920~30년대 인천의 '관광도시' 이미지 형성」, 『인천학연구』 11, 인천대학교 인천학연구원, 2009, 83~112쪽.
5 『매일신보』 1912년 6월 28일 자.
6 『시대일보』 1925년 11월 14일 자.
7 『동아일보』 1938년 3월 24일 자.
8 이승연, 송지영, 「일제시대 인천권번에 대한 연구」, 『인천학연구』 6, 인천대학교 인천학연구원, 2007, 78~82쪽.
9 『조선일보』 1939년 11월 16일 참조.
10 고일, 『인천석금(仁川昔今)』, 경기문화사, 1955.
11 신현규, 『기생, 푸르디푸른 꿈을 꾸다-일제 강점기 기생의 이야기』, 북페리타, 2014, 99~141쪽.
12 신현규, 앞의 글, 2014.
13 이난향, 「남기고 싶은 이야기-明月館」, 『중앙일보』 1970.12.25.~1971.01.21. 연재를 통하여 세상에 '명월관' 중심으로 일제 강점기 기생의 권번 이야기가 널리 알려지게 되었다.
14 『동아일보』 1932년 1월 10일 도쿄 명월관 광고.

15 「삼천리 벽신문-동경 명월관」, 『삼천리』, 1932년 2월호.

16 『동아일보』 1932년 1월 10일 도쿄 명월관 광고.

17 北大路魯山人(きたおおじろさんじん、ろざんじん・ろさんにん とも、1883年(明治16年) 3月23日-1959年(昭和34年) 12月21日)は、日本の芸術家。本名は北大路 房次郎(きたおおじ ふさじろう)。晩年まで、篆刻家・画家・陶芸家・書道家・漆芸家・料理家・美食家などの様々な顔を持っていた。기타오지 로산진(인명) 예술가, 화가, 서도가, 요리가, 미식가 등으로 여러 얼굴을 가진 사람.

18 星ヶ岡茶寮(ほしがおかさりょう・星岡茶寮)とは、北大路魯山人にゆかりのある料亭である。호시가오카 차실이란, 기타오지 로산진의 연고지로 유명한 곳에 있는 요정이다.

19 佐佐木道雄, <前半期·東京の朝鮮料理屋 高級料亭「明月館」の歴史>, むくげ通信205호, 2012.01.29., pp.10~12.

20 佐々木道雄, 『キムチの文化史―朝鮮半島のキムチ・日本のキムチ』, 福村出版, 2009.09.01

21 近くには国会議事堂をはじめとする官庁街があり、北大路魯山人で有名な超一流の高級料亭「星が丘茶寮」(=星ヶ岡茶寮)もごく近くにあり、朝鮮王朝の最後の皇太子・李垠王朝の居所である李王邸(屋敷22万坪、建坪500坪の広さがあったという)からもさほど遠くない。まさにこれ以上にない一等地であった。一番上は店の全景で、長い塀でかこまれているところからすると、大名屋敷の跡だろうか。大木がうっそうと茂り木造の建物もいたく立派だ。『キムチ文化史』では「おそらくどこから巨大な資本の提供があり、ソウルの一流朝鮮料理屋に匹敵する店を備えたものと思われる」と書いたが、近くに李王邸があることを考えれば、その資金の出所もおのずとあきらかなように思われる。佐佐木 道雄,「前半期・東京の朝鮮料理屋高級料亭『明月館』の歴史」,『むくげ通信』205, 2012.01.29.

22 "1931년 둘째아들인 이구(李玖)를 낳았고, 일본 육군 장교로 복무하여 1940년 육군 중장이 되었다. 1943년 일본의 제1항공군(第1航空軍) 사령관으로 임명되어 복무하다가 일본이 제2차 세계대전에서 패전한 뒤에 예편되었다. 그리고 1947년 일본 헌법이 시행되면서 이왕의 지위를 상실했으며, 그해 10월 18일에는 일본 왕족의 명단에서도 제외되어 일본 국적도 잃었다. 영친왕은 상해임시정부로의 망명까지 추진하며 반일정신을 고수한 의친왕(義親王) 이강(李堈)을 제치고 일제의 영향으로 황태자의 자리에 올랐을 뿐 아니라, 일본 왕족과 결혼하고 일본군 장성을 지내는 등 일제에 순응하는 무기력한 삶을 살았다. 그래서 영친왕의 한국으로의 귀환은 반대에 부닥쳐 실현되지 않았다. 1970년 5월 1일에 사망하여 고종이 묻혀 있는 경기도 남양주시 금곡동의 홍유릉(洪裕陵) 영원(英園)에 안장되었다."

23 신현규,「기생에 대한 오해와 진실」,『신동아』 통권 566호, 11월호, 2006.

24 신현규,『평양기생 왕수복-10대가수여왕되다』, 경덕출판사, 2006, 25~55쪽.

25 『조선일보』 1927년 3월 27일.

26 고복수,「남기고 싶은 이야기-가요계 이면사(1)」,『중앙일보』, 1971년 12월 1일 [5면].

27 정상진, 『아무르만에서 부르는 백조의 노래』, 지식산업사, 2005, 158~161쪽.

28 고복수, 「남기고 싶은 이야기-가요계 이면사(25)」, 『중앙일보』, 1971년 12월 29일.

29 송방송, 「한국근대음악사의 한 양상-유성기음반의 신민요를 중심으로」, 『음악학』 9, 한국음악학회, 2002, 325~421쪽.

30 장영철, 『조선음악명인전(1)』 왕수복, 평양, 윤이상음악연구소, 1998, 346~347쪽.

31 고복수, 「남기고 싶은 이야기-가요계 이면사(8)」, 『중앙일보』, 1971년 12월 9일.

32 송방송, 앞의 글, 2002.

33 고복수, 「남기고 싶은 이야기-가요계 이면사(12)」, 『중앙일보』, 1971년 12월 14일.

34 『조선중앙일보』 1933년 8월 28일 平壤 綺談 一束, 「비행기로 渡東, 한 기생 가수」.

35 『삼천리』 제7권 제10호 1935년 11월 1일 「'거리의 꾀꼬리'인 十大歌手를 내보낸 作曲・作詞者의 苦心記」, 153~155쪽.

36 신현규, 『일제강점기 기생인물생활사: 꽃을잡고』, 경덕출판사, 2005, 35~96쪽.

37 『삼천리』 제10권 제10호 1938년 10월 1일.

38 심사위원으로 참여했던 일본인으로는 가와이 교쿠도(川合玉堂), 고무로 스이운(小室翠雲), 유키 소메이(結城素明), 이케가미 슈호(池上秀), 마에다 세이손(前田靑)과 같은 일본 화가와 후지시마 다케지(藤島武二), 미나미 군조(南薰造), 다나베 이타루(田邊至), 고바야시 만고(小林萬吾)와 같은 양화가도 있었다. 한편, 초기에 실시한 참고품제도는 이후 출품작가의 창작방향을 유도하기 위한 것으로, 가와이 교쿠도의 〈폭포〉, 시모무라 간잔(下村觀山)의 〈나무들 사이의 가을〉과 같은 근대 일본화와 구로다 세이키(黑田淸輝)의 〈백부용(白芙蓉)〉, 오카다 사부로스케(岡田三郎助)의 〈욕장 에서〉와 같은 인상주의 화가의 작품들이 출품되었다. 그러한 상황은 일본풍의 미술이 직・간접적으로 유도되는 양상을 나타나게 하였는데, 특히 동양화부에서 그러한 현상이 심하였다.

39 인터넷자료(https://www.samsungsds.com/global/ko/support/insights/1196843_2284.html), 검색일자 2020.05.29. "다양하고 복잡한 데이터에서 비즈니스 가치를 찾아내는 과정이 빅데이터 분석이라 할 수 있다. 다시 말해, 어려운 분석 방법을 통해서 데이터 분석을 했지만 비즈니스적 가치가 없다면 그건 빅데이터라고 할 수 없다."

40 인터넷자료(https://www.segye.com/content/html/2015/02/24/20150224004122.html?OutUrl=naver발췌요약), 검색일자 2020.05.29. 박준진, 'IT의 미래는 빅데이터 활용', 2015.02.24.

41 朝鮮博覽會京城協贊會 編, 『朝鮮博覽會記念寫眞』, 京城 : 朝鮮博覽會京城協贊會, 1929. 朝鮮博覽會京城協贊會 編, 『朝鮮博覽會京城協贊會報告書』, 京城 : 朝鮮博覽會京城協贊會, 1930.

42 "기생 작명법. 노래를 잘하면 구슬 옥(玉), 구슬 주(珠)를 썼다. 옥엽・옥심・은주 등이 대표적이다. 키가 크면 새 이름을 붙였다. 학선・비봉이 그랬다. 또 얼굴이 예쁘면 홍매・난초・죽엽・모란・영산홍 등 사군자와 꽃 이름을 달았다. 성정이 드센 경우에는 그 기운을 누르

라고 춘하추동을 넣었고, 동기생 중 가장 빼어난 이에겐 참 진(眞)을 붙였다. 요즘 미인대회 순위도 진선미다." 박정호, [분수대] 기생 작명법, 『중앙일보』, 2017.09.14, 35면.
43 전난홍, 「기생 노릇을 할 바에는 옛기생을 본 받자」, 『장한』 제1권1호, 1927.

맺음말

1   문경연, 「한국근대대중연극계의 기억과 침묵읽기」, 『드라마연구』 26, 한국드라마학회, 2007, 105~107쪽.
2   권도희, 「20세기 기생의 음악사회사적 연구」, 『한국음악연구』 29, 한국국악학회, 2001, 334쪽.
3   유민영, 『우리시대 연극 운동사』, 단국대 출판부, 1990, 56쪽.
4   문경연, 「한국근대대중연극계의 기억과 침묵읽기」, 『드라마연구』 26, 한국드라마학회, 2007, 105~107쪽.
5   김창욱, 「이 땅의 음악을 생각하면서: 일제강점기 음악의 사회사―신문잡지(1910~ 1945)를 중심으로」, 『음악학』 11, 한국음악학회, 2004, 111쪽.
6   신현규, 『기생이야기-일제시대의 대중스타』, 살림, 2007, 36쪽.
7   『동아일보』, 「晋州妓生四名美擧, 一新學校垈地均에 對하야 無償勞動하는 者 위해 義捐募集」 1923-01-11 면수 04 단수 05.
8   『동아일보』, 「奇特한 妓生 巨金을 社會事業에 寄附, 益善洞 張達莫女人」 1933-11-03 면수 02 단수 01.
9   『동아일보』, 「高普設立費로 妓生이 百圓(安岳)」 1936-02-21 면수 07 단수 07.
10 『동아일보』, 「花巷서 積金한 三百圓을 寄附, 元山妓生宋鶴仙 母校에 美擧(元山)」 1936-02-18 면수 07 단수 07.
11 이난향, 「남기고 싶은 이야기-明月館」, 『중앙일보』 1970.12.25.~1971.01.21.
12 이창배, 『한국가창대계』, 홍인문화사, 1976, 171쪽.
13 권도희, 「기생조직의 해체 이후 여성음악가들의 활동」, 『동양문학』 25, 서울대 동양음악연구소, 2003, 150쪽.